Kossina Taluksessa

tuokiokuvia pienen pojan elämästä

vuosilta 1956-1961

Kustantaja:
BoD – Books on Demand, Helsinki, Suomi
Valmistaja:
BoD – Books on Demand, Norderstedt, Saksa
ISBN 9789523186484

Omistan kirjan
esi-isilleni, isovanhemmilleni,
vanhemmilleni ja
sukulaisilleni

Kiitokset suvun taustatiedoista isäni serkuille

Juhani Hautala,
Tapani Hautala,
Annikki Isokääntä

Lämmin kiitos
Alavieskan kirjastolle
mahdollisuudesta julkistaa
tämä muistelmateos 13.7.2015
osana Alavieska-viikon 2015 ohjelmaa

sekä serkulleni kuvataiteilija
Veijo Juolalle
yhteisnäyttelystä Alavieskan kirjastossa
13.-31.7.2015.

Lukijalle

Olen **Mauri Juhani Laakkonen** (Justin Larma) ja synnyin Kalajoella 5. toukokuuta 1950 **Arvo Laakkosen** ja **Helli** os. Koposen esikoislapsena.

Vietin ensimmäiset elinkuukauteni Alavieskan Taluskylässä isovanhempien torpassa, josta muutin pian syntymäni jälkeen vanhempien mukana Kemiön saarelle, lähellä Saloa.

Alavieskan Taluskylään perheemme palasi eri vaiheiden jälkeen vuonna 1956 ja asuimme kylässä vuoteen 1961.

Tämä kirja sisältää tuokiokuvia Taluskylässä vietetystä ajasta (1956–1961) ja ensimmäisistä kouluvuosista. "Kossina" syntyneet muistikuvat saattavat hyvin poiketa muiden paikkakunnalla asuneiden muistikuvista.

Kirjan kuvituksena olen käyttänyt kirjaa varten tehtyjä sukupuukaavioita, harvalukuisia valokuvia.

Mauri Laakkonen

Harrastus- ja työtausta

Kirjoittaminen on ollut rakas harrastus läpi elämäni ja jo kouluvuosina tulin palkituksi koulujen kilpakirjoituksissa. Työurani alkoi kaupan tehtävissä myyjänä ja somistajana ja asevelvollisuuden jälkeen Postipankissa. Siellä avustin työni ohessa sisäisten lehtien taitto- ja kuvitustyössä ja myöhemmin tein ammattiani sivuavia juttuja.

Pankissa työura päättyi 1998 jonka jälkeen tie vei ensin asunnonvälitystehtäviin ja 1999 Pohjois-Savon ammatilliseen instituuttiin mainonnan ja markkinoinnin opettajaksi.

Palattuani Helsinkiin 2002 lehtien avustaminen laajeni pääkaupunkilaiseen paikallislehteen viikoittaisen oman palstan kirjoittajaksi. Markkinointi-instituutti tarjosi viestinnän peruskurssin etä- ja verkko-opettajan tehtäviä, joita tein usean vuoden ajan, 2004 loppuun.

Runojen kirjoittamista lähdin kokeilemaan Riihimäen kansalaisopiston Tarinat talteen -ryhmässä syksyllä 2014 ja olen julkaissut kolme runokirjasta: **Elämän virrassa** 2014, **Elämän kaarella** 2015 ja **Elämän tyrskyissä** 2015 sekä yhteisen kirjan **Eriparisukat** 2015 pojantyttären **Iitu-Olivia Laakkosen** kanssa.

Kirjoitan omalla sekä taiteilijanimellä **Justin Larma**, joka muodostuu lasten, Jussi, Tiina, Lari ja Markus, etunimistä.

8

Tuokiokuvia
pienen pojan elämästä

vuosilta 1956–1961

Minä kysyn?

Muistatko
pienet kivet pihahiekassa
kasvimaalla vesiheinän
ruohonkorret
luonnon viljelmän voikukkia nurmella
niittyleinikit kedolla
ja paarmat ylilennolla
kärpästen surratessa korvissa

Kesäiltoina inisivät hyttyset
vesilammikoissa sammakot
kurnuttivat
ja tielle loikkivat
nauroivat harakat
seuranaan vaakkuvat varikset
Muistatko pääskyset
räystäiden alle pesiään rakensivat

Muistatko haavan talon päädyssä
kuinka lehdet havisivat
ja saunapolulla nokkoset
pieniä sääriä polttelivat
kuinka istuttiin saunan lauteilla
selkä mustana
savusaunan hirsistä
silmät kitkusta itkuisina
Muistatko?

Paluu Talukseen

Elettiin vuotta 1956. Urho Kekkonen oli talvella valittu Tasavallan Presidentiksi. Hänen vaalimainoksiaan olin nähnyt Vihtarin Sepänsalmessa erään halkopinon kupeessa ja kuuntelin ääntenlaskentaa radiosta: Kekkonen, Kekkonen, Kekkonen....

Talvi oli kova työläisperheelle ja muistan kuinka yleislakkoaalto nousi uutiseksi. Äitini oli raskaana ja odotti neljättä lastaan, joka syntyi toukokuussa Liperin sairaalassa.

Kevään jännittävin kokemus oli puhelu sairaalaan vuokraisäntämme Pirisen puhelimesta. Isä piti luuria korvallani, mutta minulta ei lohjennut sanaakaan langan toisessa päässä olevalle äidilleni. Minua harmitti jälkeenpäin.

Päätös Alavieskaan muuttamisesta kypsyi kevään aikana isoisän ilmoitettua torpan olevan vapaa asuttavaksi, hänen muutettua pois.

Saapuminen Taluskylään jätti muistiin taksikyydin ja kun auto saapui Herastuomarin kohdalle, muistin aikaisemmilta käynneiltä tienäkymän joka meni talojen pihojen ohi kotimökillemme päin. Tie on ohjattu sittemmin nykyiselle paikalleen taloryhmien ulkopuolelle.

Taluksen mökki

Taluskylä oli varhaislapsuuteni ensimmäisten kuukausien, lapsuuden ja ensimmäisten kouluvuosieni kotikylä tuolloin keskipohjanmaalaisella maaseudulla Alavieskan kunnassa.

Kylän halki kulkee maantie Alavieskasta Mehtäkylään, ja siitä haarautuu useita sivuteitä, muun muassa nykyinen Talusperäntie Someronkylän ja Merijärven suuntaan.

Kotini sijaitsi tuon tien varressa, tontilla, joka oli erotettu määräajaksi vaarini Antin ja isoäitini Saimin käyttöön isoäitini vanhempien kotitilasta Hautalasta.

Torppa oli maalaamaton, harmaa, pystylaudoituksella ja rimoin pinnoitettu kolmen peräkkäin rakennetun huoneen käsittävä kokonaisuus. Alkujaan se oli yhden huoneen torppa, mutta isovanhempien perheen kasvaessa siihen sitten rakennettiin kaksi lisähuonetta.

Kussakin torpan huoneista oli oma lämmitysratkaisunsa, keittiössä muurattu uuni helloineen, keskimmäisessä huoneessa hella ja kamarissa pystyuuni.

Raasu

Ukot on rantteella
puita halakomassa,
talaveksi
liiterin pittää olla täysi,
ei tule kylymä
pakkasilla,
kun on
komia raasu
pönttöuunisa.

Talvisin rakennuksen kaksi viimeisimmin rakennettua huonetta olivat kylmiä ja vetoisia sillä niissä oli rakenteellisia vikoja, muun muassa kamarin kattorakenteet roikkuivat notkolla.

Kun torppa tyhjeni 1956, päätti isäni Arvo ja äitini Helli os. Koponen muuttaa neljän lapsensa kanssa Taluskylän torppaan.

Perheen vanhimmat lapset majoitettiin sisääntuloa vastapäätä olevaan keskihuoneeseen ja nuorimmat nukkuivat aikuisten kanssa kamarissa. Joskus yövyttiin myös pirtin uunin edessä lattialla maaten. Ei ollut tavatonta, että talvipakkasella keskihuoneen kaapin päällä olevassa ämpärissä vesi jäätyi ja tukkakin saattoi olla huurussa. Olkipatjoilla ja vanupeitteen alla kuitenkin tarkeni, vaikka räkäviisari oli tuohon aikaan liki vakituinen ylähuulen koriste.

Torppa sijaitsi aivan tien varressa kapealla pienellä tontilla. Pihapiirissä oli päärakennuksen lisäksi laudoista kyhätty kaksiosainen aitta, hirsinen savusauna ja makki.

1950-luvun lopulla saunan ja makin välimaastoon rakennettiin vielä siirtohirsinen navetta, jossa parhaimmillaankin oli tilaa vain kahdelle lehmälle. Navetan lattian isä valoi suoraan maapohjalle ilman raudoitusta.

Antti ja Saimi

Torpan alkuperäiset asukkaat olivat vaarini **Antti Laakkonen** ja hänen puolisonsa **Saimi Maria, os. Hautala**. He saivat kymmenen lasta: Viljo, Aune, Elli, Arvo, Pauli, Alli, Niilo, Risto, Tarmo ja Kaarina, joista Viljo, Aune, Niilo ja Risto olivat perheettömiä.

Saimi-äidin kuoleman (1945) jälkeen Antti oli avioliitossa Hanna Heikkilän kanssa, joka paremmin tunnettiin nimellä Törrin Hanna.

Uudelleen avioitumiseen liittyy tarina, jonka mukaan parin ollessa alttarilla ja papin kysyessä: "Haluatko sinä Antti Laakkonen ottaa tämän Hanna Heikkilän puolisoksesi", olisi Antti hämmästyneenä kysynyt:

"Etkö Sinä Törrin Hanna olekaan?

HAUTALA – TICKLEN - LAAKKONEN

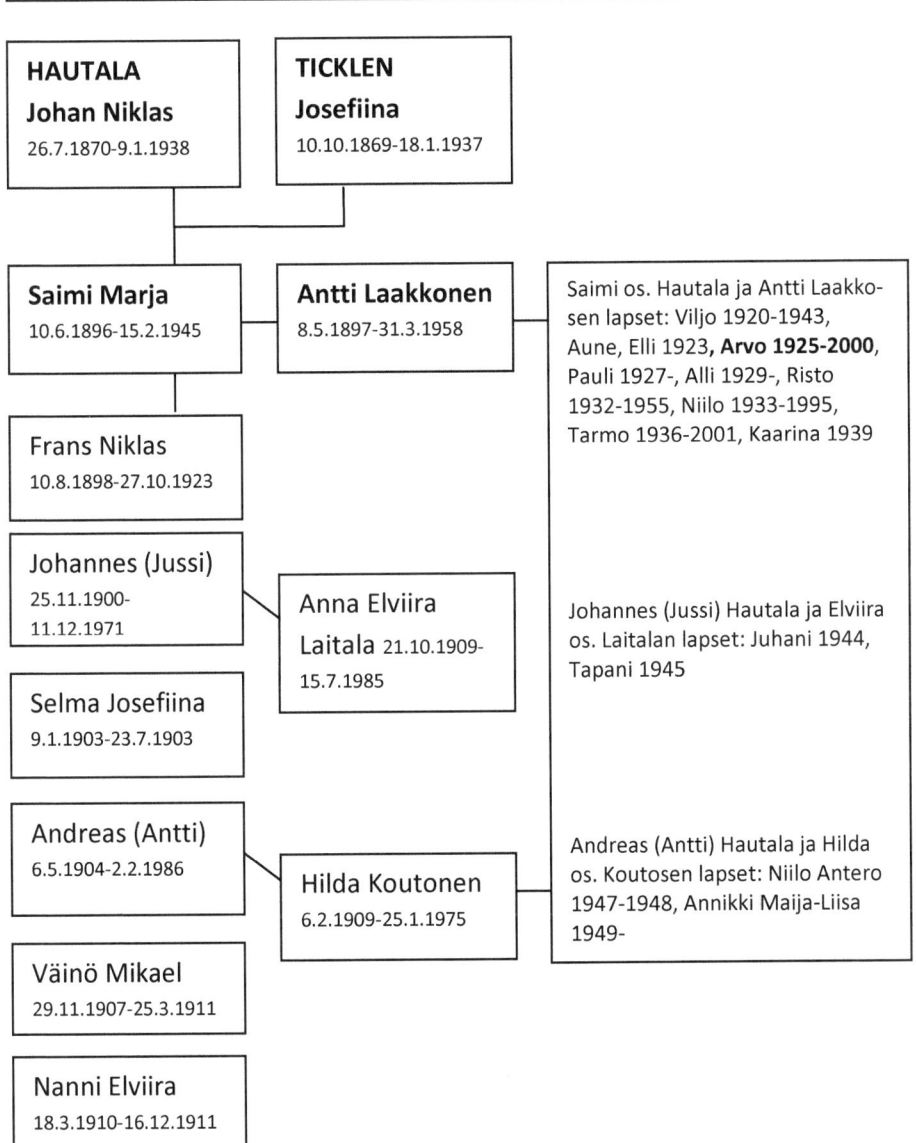

HAUTALA
Johan Niklas
26.7.1870-9.1.1938

TICKLEN
Josefiina
10.10.1869-18.1.1937

Saimi Marja
10.6.1896-15.2.1945

Antti Laakkonen
8.5.1897-31.3.1958

Saimi os. Hautala ja Antti Laakkosen lapset: Viljo 1920-1943, Aune, Elli 1923, **Arvo 1925-2000**, Pauli 1927-, Alli 1929-, Risto 1932-1955, Niilo 1933-1995, Tarmo 1936-2001, Kaarina 1939

Frans Niklas
10.8.1898-27.10.1923

Johannes (Jussi)
25.11.1900-
11.12.1971

Anna Elviira
Laitala 21.10.1909-
15.7.1985

Johannes (Jussi) Hautala ja Elviira os. Laitalan lapset: Juhani 1944, Tapani 1945

Selma Josefiina
9.1.1903-23.7.1903

Andreas (Antti)
6.5.1904-2.2.1986

Hilda Koutonen
6.2.1909-25.1.1975

Andreas (Antti) Hautala ja Hilda os. Koutosen lapset: Niilo Antero 1947-1948, Annikki Maija-Liisa 1949-

Väinö Mikael
29.11.1907-25.3.1911

Nanni Elviira
18.3.1910-16.12.1911

17

Sukulaisista

Isoäitini Saimi, os. Hautala kuoli ennen syntymääni vuonna 1945. Hänen veljensä **Johannes** (kutsumanimeltään Jussi) oli perinyt Hautalan tilan ja nuorempi veli **Andreas** (kutsumanimeltään Antti tai Antti Puuhaara, kuten hän itse halusi itseään kutsuttavan) sai Tolpan tilan asuttavakseen. Sisarussarjan muut lapset, **Frans, Selma, Väinö** ja **Nanni**, olivat tuohon aikaan jo kuolleet

Veljekset olivat persoonallisuuksia, jotka erotti elämänasenne, mutta myös nauru. Siinä missä totiseksi kuvailtava Jussi nauroi miehekkään phöhö -painotteisesti, veijariksikin kuvailtavan Antti Puuhaaran nauru ääntyi jehjeh-muotoon. Liekö suvun nauruäänet peräisin juuri Hautalan sukuhaarasta sillä kaikilla tädeilläni on ollut varsin persoonallinen naurutapa.

Lapsen silmin katsottuna Hautalan Jussi oli isäntätyyppi ja Antti torpparityyppi. Monenmoista muutakin lapsen mieleen henkilöistä jäi. Molemmilla oli myös toisistaan erottuvat puolisot. Jussilla oli palveleva, ystävällinen ja syvästi uskonnollinen **Elvi** ja Antilla maallisempi ja työteliäs **Hilda**nsa. Hildasta muistan aktiivisen ympäristön seuraamisen ja erikoispiirteenä ukkosen pelon.

Lapsena vierailin usein Tolpassa, ehkä siksi, että heillä oli minua hieman vanhempi tytär **Annikki**, isäni serkku.

Myös Hautala oli mieluinen paikka erityisesti Elvin sydämellisen läsnäolon vuoksi. **Juhani** ja **Tapani**, niin ikään isäni serkkuja, olivat muutamia vuosia vanhempia, joten he olivat esikuvia monessa asiassa. Muistan Juhanin opastaneen minua muutaman kerran kouluasioissakin, kerran heidän pihassaan olevalla portilla.

Kossina en tuota sukulaisuutta kovin hyvin tiedostanut kummankaan Hautalan suuntaan, mutta myöhemmin varttuessa asia alkoi valjeta. Uskonpa asiaan vaikuttaneen sen, ettei isoäitini elänyt ja vaarillani oli uusi elämänsä Hannan kanssa.

Kuvassa Antti ja Saimi vanhimpien lastensa kanssa.

Elintason mittoja

Lehmä oli tuohon aikaan osittain myös elintason mitta. Ensimmäinen lehmämme oli Suomen karjaan kuuluva nutipää Kuiske, jolle saimme navettapaikan Vaikonpään Jaakon tilalta. Kun pihapiiriin saatiin rakennettua navetta, Kuiske sai kaverikseen "äyssyyrin", joka kantoi nimeä Arvokas. Nimi vääntyi isäni Arvon nimestä. Muistelen Arvokkaan maksaneen 10 000 markkaa.

Maitoa vietiin meijeriin, mikäli perheen kulutukselta liikeni. Meijerin asiakkuus toi ruokapöytään lapsille mieluisan ostovoin ja juuston. Tuohon aikaan meillä oli käytössä myös separaattori, jolla aika ajoin tehtiin kotitekoista voita.

Kotona kirnuttu voi suolattiin ja nautittiin ruisleivän kanssa. Useimmissa taloissa syöty ohraleipä oli meillä harvemmin nähty herkku.

Kesäisin makin kupeessa röhki possu, joka syksyn tullen pantiin lihoiksi ja suolattiin tiinuun talven varalle.

Pottuja viljeltiin muutama pitkä vako, joita sitten talven mittaan nostettiin pirtin tuvan alla olevasta kellarista. Puikulapottuja.

Maitopotut

Kahtotaan,
kahtotaan,
onko meillä
uusia pottuja ja sipulia

Nyt on kokomaitua,
keitetään maitopottua,
tuumi akka

Viikkotolokulla
onkin syöty pepua,
se on siskolikan herkkua.
Serkulla syötiin
läskisoosia
ja pottumuusia,
taisi olla sintuun keitetty.

Ruoka ja tarpeet

Äitini on syntyään savolainen ja tottunut omalla heimoalueellaan monipuoliseen ruoanlaittoon. Ennakkoluulottomasti meillä maitopottuja toki syötiin, totuteltiin paikalliseen pepuun ja ohraleipäänkin, mutta kyllä itä-suomalaisuus näkyi ruokavaliossa. Ruisleipää, piirakoita ja ruismarjapuuroa syötiin usein ja myös marjojen ja ruisjauhon sekoitusta. Puolukoista tehtyä vispipuuroa tuli useinkin vatkattua lumihankeen upotetussa kattilassa.

Kalakauppias kävi mökin edessä autolla kahdesti viikossa ja sieltä äiti osti silakoita, pannulla paistettavaksi, joskus jopa kalapulliksi jauhettiin. Niistä tosin en tykännyt ollenkaan koska ruodot tuntuivat lapsen suussani.

Pullaa eli nisua leivottiin lähes joka viikko. Tulipa äitini tunnetuksi täytekakuistaankin, joita tupailloissa ja muissa kokoontumisissa nautittiin tai arvontapalkinnoiksi haluttiin.

Marjoja ja sieniäkin kerättiin. Lähin mustikkametsä, jonka kautta talvisin suksen päällä vesisaavia työnnettiin, alkoi heti pottumaan takaa.

Marjat, jauhot, potut...

Vuoden 1956 kesältä muistan marjareissun, joka ulottui pihapiiristä hieman kauemmaksi, kun äiti neljän pienen lapsen kanssa lähti marjametsälle. Nuorin (3kk) roikkui viltissä kahden puun välissä ja me 3-. 5- ja 6-vuotiaat autoimme marjoja poimien. Metsä oli reilun kilometrin päässä kylää halkovan ojan takana Vaikonpään Jaskan mökiltä Korven suuntaan.

Pohjalainen kummallisuus meille oli pepu. Rasvassa kokkareiksi paistettava ohrajauhoperinneruoka, johon en koskaan oikein tottunut, mutta joka oli useille kyläläisille herkku.

50-luvun ruokatottumukset olivat muutenkin melko vaatimattomat. Ne rakentuivat jauhojen, maidon ja pottujen varaan. Maitopotut, jossa maidon ohella oli perunaa ja sipulia tuntui olevan tavallinen ateria isoissakin taloissa.

Kotonamme leivottiin, toisin kuin kylällä, ohrarieskan sijaan ruisleipää. Taikinan juuri säilytettiin tiinussa ja viikon parin välein limppuja paistettiin puilla lämmitettävässä uunissa. Eräänkin kerran muistan taikinoita vaivanneeni, leivottiinhan meillä säännöllisesti myös nisua, jota sitten topattiin kahvin sekaan pullamössöksi. Taikinaa maisteltiin myös raakana, kuten myös hiivaa.

Pihapiiri

Pihapiiri sijaitsi aivan maantien laidalla ja oli ollut ilman kaivoa vuosikymmenet. Veden haku oli työlästä puuhaa. Sitä haettiin läheisen Mökin Marin lähteeltä kunnes isäni päätti rakentaa pihaamme oman kaivon.

Muistan kuinka asiasta usein keskusteltiin ja kuinka hän viimein alkoi etsiä vesisuonten paikkoja varpututkaimen avulla kävellen ympäri pihaa. Lopulta kaivolle löytyi paikka savusaunan likeltä.

Talvisin ja kuivina aikoina pohjavedet hupenivat ja ruokavettä haettiin Koutosen lähteeltä. Saunan pesuvedet ja pyykkivedet sulatettiin lumesta tai haettiin läheisiltä montuilta. Juomavesi eläimille haettiin kylän halki liruvasta ojasta, joka sitten vuosikymmen lopulla hätäaputyömaan lapiomiesten avulla levennettiin. Sinne oli matkaa monta sataa metriä.

Veden hakeminen oli kouluikäisten lasten työtä ja vesikelkan puuttuessa saavi kulki suksen päällä työntäen. Usein kaipasimme vesikelkkaa.

Aitat ja varastot

Kaksiosainen laudoista kyhätty aitta sijaitsi mökin ja maantien välissä. Aitan edessä oli pieni kasvimaa, jossa oli juures-, salaatti- ja kukkapenkki.

Lapsille oli jännittävää päästä kesällä nukkumaan aittaan. Se oli viileä vaihtoehto päärakennuksen kuumetessa kesäisessä auringonpaisteessa.

Talvella aitassa säilytettiin sianlihatiinua ja marjasaaveja. Puolukat survottiin isoon puusaaviin, peitettiin voipaperilla. Survosta sitten haettiin tarpeen mukaan.

Eräs aitassa käynti jäi erityisesti mieleen. Kireä pakkasää ja oven salpaava lukko piti avata vaikka toisessa kädessä oli astia. Jotta lukko ei katoaisi lumihankeen, sipaisin sen suuhuni, jolloin lukko jämähti märkään kieleen kiinni. Kiperä tilanne laukesi tuvan lämpöön palattua.

Aitta toimi myös sairastupana, sillä siellä makasin eräänä kesänä ja sairastin sikotaudin. Aitassa harvan seinälaudoituksen raoista saattoi seurata satunnaisten ohikulkijoiden liikkumista tiellä.

Aitan ohella tienvarressa sijaitsevan männyn vieressä oli puuliiteri. Sen tehtävä oli moninainen. Puiden säilytyksen ohella se toimi pyörävajana ja romuvarastona. Eräänä keväänä sinne tehtiin ensipeti possulle, jota sitten kesä lihotettiin. Pikkupossu järjesti yllätyksen ja karkasi. Sitä sitten pihapiirissä kilvan juostiin kiinni kunnes nassikka väsähti ja siirrettiin turvallisempaan säilöön.

Samaisen halkovajan orsi toimi syksyllä teurasortena, kun siaksi kasvanut possu kohtasi matkansa pään. Kotiteurastuksessa apua saatiin kyläläisiltä ja hyötykäyttöön otettiin kaikki mahdollinen. Tuona syksynä tutustuin ensi kerran veripalttuun.

Puuliiteri oli usein veljeni ja minun työpaikka. Vanhimpina lapsina osallistuminen kaikkien kotitöiden tekoon lankesi kuin luonnostaan. Puiden pilkkomista, veden kuskaamista kylän ojalta, lehmille lehtien riipimistä pajuista, lehmien paimentamista kesällä, leipätaikinan teossa avustamista, voin kirnuamista separoimalla, marjastamista, kauppareissuja. Tuohon aikaan opettelin myös kutomisen ja ollessani yhdeksänvuotias sisarukseni saivat joululahjaksi kutomani lapaset.

Pihapiiriin kuului myös makki eli ulkovessa, joka sijaitsi pottumaan laidassa, likellä metsän reunaa. Tontti oli kapea, joten makille ei ollut tuvasta pitkälti. Ulkohuussi oli käytössä ympärivuoden ja talviaikaan sen alustassa oli melkoinen keko sitä itseään. Makin sijainti lähellä kaivoa ei taitaisi nykypäivänä sop

26

Pyykkäystä koloilla

Pyykkiä pestiin käsin läheisellä maakuopalla, kololla. Lämpäre
oli muodostunut hiekkaa ja soraa kaivaneiden jäljiltä. Lammi-
kon rannalla oli nuotiopaikka, pata ja pyykkilauta. Naruilla,
joita oli vedetty puusta puuhun, hulmusi kesäisin pestyjä ja

padassa, kuumassa vedessä keitettyjä lakanoita ja muuta pyykkiä. Talvella pakkanen pani kankaat koppuroiksi.

Paikka oli lähinaapuruston pyykinpesupaikka ja käytössä ympäri vuoden. Se oli kotona työtään tekeville sosiaalisen kohtaamisen paikka ja yhdessä tekemistä.

Kotia vastapäätä hiekkatien tien toisella puolella oli myös maakuoppia, joista oli kaivettu soraa ja hiekkaa muun muassa tien tekoon. Keväisin kuopat täyttyivät vedellä. Se oli mitä mainioin paikka sammakoiden lisääntymiselle ja sammakonkutua kellui runsain määrin kuoppien veden pinnalla.

Meille lapsille sammakoiden touhut ja uusien sammakoiden kehittyminen oli mieleen painuva kokemus. Pienet sammakonpoikaset sitten myöhemmin sadoin joukoin kurnuttivat lasten iloksi.

Kuvassa edellisellä sivulla: äitini, sisareni ja naapurin Leena

Shampoo ja tekojalat

Talon päädyssä, paikassa, josta oli näkymä Simolle, havisi haapa. Etelässä asuva Kaarina-tätini kertoi, että haavasta tehdään tulitikkuja Jokelan tikkutehtaalla, jossa Tarmo-setä oli työssä. Tätini kävi kesälomallaan kyläilemässä ja vierailujen aikana tutustuin helmiäisshampooseen, kun hän pesi hiuksiaan saunan edustan penkillä. Tuoksu oli huumaava ja shampoo näytti kädessä hohtavan kauniilta. Meillä pestiin hiukset tuohon aikaan ja vielä vuosia myöhemminkin saippualla.

Haapapuun vieressä talon päätyyn nojaamassa olivat harmaaksi kauhtuneet puutikkaat, jotka veivät kamarin vintille. Puruja puolillaan oleva tila sisälsi aarteita. Poikalapselle mekaaniset elementit ovat kiinnostavia, niin minullekin. Vintillä oli useita jalkaproteeseja, jotka kuuluivat isoisälleni. Syystä tai toisesta isoisä oli menettänyt osan toisesta jalastaan ja proteesien avulla asiaa yritettiin liikkumiskykyä jo siihen aikaan korjailla. Näin hänen käyttävän ainoastaan kainalosauvoja, niillä harvoilla kyläreissuilla, joille hän minut mukaansa otti.

Vintillä olevia tekojalkoja ihasteltiin ja kummasteltiin. Pyrittiin kokeilemaankin, olivat kovin raskaat lapsen käsissä. Sinne ne jäivät vintille.

Lähinaapureita

Lähin naapuri oli Takalo. Se sijaitsi kylälle päin mennessä vasemmalla. Hirsitalo, jonka pihapiiriin kuului navetta. Talossa asui itseäni vanhempia lapsia, Tuomas, Hilkka ja Leena, joka oli hyvä piirtämään.

Leenan piirroksia ihailin hänen huoneensa seinällä. Taulut kiinnostivat kaikkialla. Pohjanmaalle muutettuamme jokavuotinen toiveeni oli saada lyijynä ja vihko joululahjaksi, jotta pääsen piirtämään.

Leenan muistan äitini kanssa pesemässä pyykkiä kololla. Siitä on säilynyt kuvakin. Sitä en tiedä kuka kuvan otti, sillä perheessämme ei ollut kameraa. Muistojen tallettaminen kuvina ei ollut vanhemmilleni tärkeää ja sen vuoksi koulussa otettuja ryhmäkuvia itselläni ei ole ainoatakaan. Rahaa niiden ostoon ei herunut.

Tuomaksen hevoskyyti on myös jäänyt mieleen, kun hän kerran suostui ottamaan minut heinänhakureissullaan kuorman päälle. Sylissä istuen matka taittui turvallisen mukavasti.

Takalon talon editse kulki peltotie ja pellon takana puiden keskellä oli kaksihuoneinen mökki, jossa asui leskimies **Väinö Takalo** kahden lapsensa **Altin** ja **Mairen** kanssa.

Altti oli ikäiseni, syntynyt tammikuussa 1950 ja kävimme kansakoulua samalla luokalla, joista kaksi ensimmäistä luokkaa **Anni Hietala**n oppilaina.

Altin isä oli kuorma-autonkuljettaja ja muistan kuinka 50-luvun lopulla Väinö ja mökin Osku ostivat samaan aikaan uudet kuorma-autot. Se oli tapahtuma lapsen elämässä, kun miehet kertoivat autonhakumatkastaan. Helsinki oli suuri paikka.

Myöhemmin matkustin kuorma-auton lavalle kyhätyssä kopissa luokkaretkille Alavieskan kirkolle ja Kalajoen hiekkasärkille. Kuorma-autolla kuljetettiin myös kylän työmiehiä työkohteisiin.

Muistelen että Altilla oli lähes aina rahaa ja erityinen vempain kolikkojen säilyttämiseen. Lapsuuden leikit naapurin poikien kanssa olivat tyypillisiä maalla asuvien leikkejä. Eräänä vuonna Altti teki intiaanikodan metsään. Pääsiäisen aikaan keräsimme risuja omaan pääsiäiskokkoomme ja Altin isä antoi sinne myös vanhoja autonrenkaitaan poltettavaksi.

Kansakoulu

Kylässä oli kaksi koulurakennusta, joista vanhempi toimi ala-luokkien opinahjona. Suurten ikäluokkien aikaan luokat olivat täysiä. Puukoulussa oli kaksi luokkaa, joista toisen opettajana toimi **Kirsti Koutonen** ja toisen opettajani Anni Hietala. He kumpainenkin opettivat luokkiansa kahden ensimmäisen vuo-den ajan. Kolmannelta luokalta alkaen käytiin uudemmassa koulurakennuksessa.

Uudempi koulurakennus oli rapattupintainen. Yläkoulun ylelli-syys oli luokkatilojen yhdistämismahdollisuus ja näyttämö, joka oli tuohon aikaan ahkerassa käytössä. Ehdin käydä yläkoulua kaksi vuotta eli luokat kolme ja neljä. Opettajana toimi **Rauni Issakainen**, jonka muistan kauniista naisellisista vaatteistaan.

Kellohameet ja tärkätyt alushameet olivat siihen aikaan uutta muotia.

Koulun johtajaopettajana toimi **Aatto Saksola**, joka perusti kouluun sittemmin maanlaajuistakin huomiota saaneen mandoliiniorkesterin. Itse en tuohon musisointijoukkoon kuulunut, muutimme pois paikkakunnalta pian toiminnan alettua. Melodikalla pääsin soittoa kokeilemaan naapureissa ja lopulta triangeli oli se ainoa, joka sopi minun ja kenen tahansa kilkuteltavaksi.

Koulutie

Aloitin kansakoulun syksyllä 1957. Luokallani aloitti myös naapurin poika Altti, jonka kanssa usein talsin kouluun heidän pihapiirinsä kautta. Kasvimaan takana oli oja, joka piti ylittää siltaa pitkin ja kulkea Vaikonpäälle vievää tietä (nykyinen Toivolantie) kohti Hautalaa ja sen sivuitse.

Tien varrella oli riihiä, latoja ja Hautalan päärakennus pihapiireineen, vasemmalle jäi peltoa. Talon jälkeen oli portti ja lyhyt matka laitumen yli. Sen takana oli riihi. Simon suunnalta johti peltotie hätäaputyönä kaivetun kyläojan yli kohti kauppoja. Hautalan ja Simon pihapiirit jäivät vanhan ja uuden kyläojan väliin.

Peltotieltä tultaessa Kivimaan kaupan kohdalla oli tiessä kurvi ja melkein aina savisen kostea paikka, toisinaan vettäkin melkoisesti. Loppuosuus kulki osuuskaupan ja Kivimaan kaupan välistä isolle tielle, jonka takana koulun piha-alue näkyi. Kivimaan kaupan pihapiirissä oli tuohon aikaan kylän kioski.

Tuohon aikaan lapsia houkuteltiin makeisten pariin ilmaisjakeluilla, vähän samaan tapaan kuin penkkareissa nykyään, heittelemällä karkkeja autoista. Kioskin kohdalla muistan karkkeja keränneeni.

Opettajien roolista

Kyläkoululla alaluokkien opettajina toimivat Kirsti Koutonen opettajani Anni Hietala. Koutoset asuivat lähellä tienristeystä, josta kylän kaupoilta ja koululta tullessa käännyttiin Someron-kylälle ja Mehtäkylälle Kalajoen suuntaan ja Hietalat kylän koululla opettajille varatuissa asunnoissa. Koutoselta puuttui opettajan pätevyys (niin kerrottiin).

Kirsti opetti vuotta nuorempaa velipoikaani, jolla oli tuskallinen oppimisen alku. Aapisen sivut kuluivat liki puhki lukutikun ja silmäkosteuden yhteisvaikutuksesta. Vanhemmat eivät tuohon aikaan juuri ehtineet lapsiaan opastaa sillä tekemistä riitti, kun kodinkoneita ei ollut apuna.

Opettaminen koettiin muutenkin opettajien tehtäväksi ja tuohon aikaan heillä oli myös auktoriteettia.

Kylän kulttuuri- ja urheilutoiminta oli innostavista opettajista lähtevää varsinkin kouluikäisten parissa. Yläluokilla oppilaat kävivät hiihtolomallaan Rukalla laskettelemassa ja sitä ala-luokilla hieman kadehdittiin.

Laiskalla

Koulun alaluokalla saimme yllättäen koko luokalle jälki-istunnon. Istunnon dramatiikkaa lisäsi opettajan tapa sammuttaa suurin osa luokan valoista ja valvoa istuntoa kynttilällä valaistun työpöytänsä takaa. Lapsenmieleeni jäi ihmettelyäkin. Miksi jotkut pääsivät aikaisemmin kotiin kuin toiset. Varsin usein kouluvuosien aikana joutui havaitsemaan, varsinkin kolmannelta luokalta eteenpäin, kauppiaan tyttären kuuluvan erityiskohtelua saavien joukkoon. Asioille lienee luonnolliset syynsä. Tuohon aikaan arvoasteikko perustui usein vanhempien yhteiskunnalliseen asemaan.

Jälki-istuntokokemus oli hyvin opettava, sillä erilaiset tarpeet alkoivat nousta rangaistuksen saaneiden huulilta. Oli vessahätää ja jano ja huoli vanhempien kommenteista.

Kauppa

Kylässä oli kaksi kauppaa, yksityinen Kivimaan K-kauppa ja osuuskauppa. Osuuskauppa oli sekatavarakauppa, josta sai ostaa melkein mitä tahansa sen aikaiseen tapaan. Maatalous-tuotteilla oli suuri osuus kaupasta, samoin polttoaineilla.

Kylän posti haettiin osuuskaupasta, josta saattoi myös soittaa puhelimella. Kerrankin menin itkien hakemaan apua, kun sisa-reni sairastui keuhkokuumeeseen ja niin tilattiin kuljetus kau-pan puhelimella.

Kauppaa tehtiin usein aukioloaikojen ulkopuolellakin. Lapsi-perheellä saattoi tulla ostostarve viikonloppuisin tai illalla. Vanhempani valitsivat kaupakseen osuuskaupan, josta ostet-tiin vastakirjalle. Kuukauden ostokset sitten maksettiin pää-sääntöisesti kerran kuukaudessa. Osuuskaupan hoitaja antoi kaupantekijäisinä makeisrasian tai karkkipussin. Siitä me lap-set saimme karkin tai kaksi. Se oli juhlaa.

Kauppiaat olivat torpan asukkaiden mielestä kylän merkkihen-kilöitä, samoin heidän lapsensa. Tuohon aikaan arvostus ko-rostui ammattien ja maaomistuksen kautta.

Mökin Mari

Jotkut ihmiset jäivät käsitteiksi lapsen mieleen, yksi heistä oli Mökin Mari ja poikansa Osku. He asuivat kiven heittämän päässä kodistani Someronkylän suuntaan. Heidän lähteeltään kävimme noutamassa vettä, kun omaa kaivoa ei vielä ollut pihassa.

Mökki sijaitsi tien varressa ja pihapiiriin ilmestyi 50-luvun lopulla kuorma-auto, jollainen oli toisella lähinaapurillamme Väinöllä. Kolmas muistamani autoilija oli Lehtelän taksi, jonne oli matkaa useita kilometrejä kylää halkovaa päätietä kirkonkylän suuntaan.

Mökin Marin torppa on jäänyt muistoissani käsitteeksi. Siellä ei pienelle pojalle ollut mitään kokemuksellisesti merkittävää. Sen sijaan tien pätkään, joka vei Marille ja torpan ohi, liittyy useitakin kokemuksia. Eräs hauskimmista on äitini mopolla ajamisen opettelu. Isäni ei opettajana ollut niitä kärsivällisempiä, joten taisi jäädä oppi puolitiehen, kun äitini lopulta juoksi kaasutuskahvaa tiukasti puristaen mopon perässä pitkin tietä.

Kankaan porukka

Naapureilla oli kuvaavia nimiä, usein paikan nimestä väännettyjä. Kankaan (Talus) pihassa oli vanha pohjalaismallinen punainen talo, huoneiden rivi ja 50-luvun lopulla pihapiiriin rakennettiin uusi rintamamiestalo, joka lapsen mielestä oli aivan upea. Se sijaitsi muutaman sadan metrin päässä kotoani ja rakennustyötä piti usein käydä ihastelemassa.

Kankaan Yrjön perheeseen kuului ainakin kolme poikaa, niin muistelen. Heistä muistan nimeltä Osmon, joka oli mielestäni jonkinasteinen kiusankappale, Hannun, jolla oli musikaalisia ja liikunnallisia taitoja ja taipumuksia sekä Ismon, joka Rantsilassakin asusteli (Ismosta tuli myöhemmin paikallisen pankin johtaja). Tyttären nimi oli Riitta. Perheen naisväen nimet olen jo unohtanut Mirjamia lukuun ottamatta. Hänellä oli paksut hiukset käärittynä ranssille pään ympäri. Mirjamilla oli rengin otteet hevosiin ja työhön kuin työhön. Siinä moni mieskin jäi kakkoseksi. Jauhosäkitkin saivat kyytiä hänen otteissaan. Pihapiiriin kuului navetta- ja tallirakennuksen ohella mylly ja riihi, jossa oli päreentekokone. Pärekatot olivat tuohon aikaan valtaosassa rakennuksia. Niin kotonanikin.

Kerran Mirjami näytti minulle miten viljasta tehdään jauhoja.

Sälesukset

Olin toisella luokalla kansakoulussa, kun sain eräänä talvipäivänä uudet upeat sukset, Järviset. Niitä sitten piti lähteä kokeilemaan kylän keskustan tuntumassa olevalle Mäenmaan nyppylälle.

Siellä oli runsaasti lapsia laskemassa mäkeä. Olin ujo ja arka suksillani ja minulle ilkuttiin, kun en uskaltanut laskea mäkeä alas. Rohkaistuani mieleni lähdin sitten laskemaan rinnettä ja kesken laskun huomasin edessäni tytön, jolle huusin väistämiskehotuksen, tuloksetta. Niin sitä sitten mentiin mukkelismakkelis kuin jänöjussi eräässä laulussa, katajaan.

Ensimmäinen lasku ja suksi poikki. Riemu vaihtui suruksi, erityisen raskas se oli siksi, että tiesin saaneeni sukset vanhempien vaivalla säästämistä rahoista.

Muistelen kuinka Kankaan Hannu neuvoi suksien paikkausasiassa ja niin sukseni sai säilykepurkista vahvistuksen kärkeensä. Ei se harmistumista poistanut, jopa hävetti hiihtää paikatulla suksella. Tosin vastaavanlaisia paikkauksia oli siihen aikaan monilla poikaviikareilla.

Pyhäkoulu

Lapsuuteen liittyy muistot kylän ja kyläläisten uskonnollisuudesta. Alueella pidettiin seuroja niin taloissa kuin maamiesseurantalossakin. Lestadiolaisten ja körttiläisten ohella tavallista kirkkokansaa ravittiin sanalla Alavieskan kirkossa, jonne kylältä oli matkaa vajaa peninkulma.

Lapsille oli omat pyhäkoulut, jotka pääsääntöisesti pidettiin kulmakuntamme lapsille Isotaluksessa. **Ellin** ja **Leevin** kotitalo oli omaan mökkiimme verraten iso talo. Siinä oli korkeat huoneet ja vinttikin, jossa saattoi liikkua. Talo kuului neljän talon ryhmään, joihin liittyy lukuisia muistoja. Pyhäkoulun pitopaikan naapurissa, herastuomarilla, pidettiin niitä seuroja.

Lapsiryhmä sai uskonopetusta sunnuntaisin yhdessä Isotaluksen Ellin ja Leevin kamareista ja jos osallistujia oli enemmän, tuvassa. Pyhäkoulussa käynnin palkaksi sai lampaan kuvan liimattavaksi paimentauluun. Myös raamattuaiheiset liimattavat kuvat olivat tuolloin muodissa ja jostakin syystä Ellille niitä oli kertynyt melkoinen kasa. Meitä sitten hemmoteltiin merkeillä runsain määrin.

Soukka ja Kivelä

Soukan tilalle mentiin meiltä oikotietä metsän läpi. Reittejä oli useampi. Yksi oli oikotie pajakankaan pihan kautta, toinen maantien kautta Kankaan kautta, Kivelän navetan ohi kulkevaa tietä Soukkaan. Tien varrella oli oikealla riihi, jonka tuntumassa oli iso pottumaa. Perunoiden noston aikaan lasten mieluisin hetki oli perunanvarsien poltto ja hiilloksella paistetut nokiperunat.

Soukassa (Isotalus) asui viisihenkinen perhe, **Helvi** ja **Väinö** sekä lapset **Keijo**, **Kaija** ja **Jorma**, joka oli luokallani. Sittemmin tilan rakennukset ovat hävinneet ja perheen äiti sekä kaksi lasta muuttaneet entiseen Kivelään. Aika moni asumus on hävinnyt tai rapistunut kotimökkini tavoin olemattomiin.

Kivelän (Koutonen) **Vilholla** ja **Aili**-puolisollaan oli yksi tytär **Terttu**, joka oli veljeni suuressa suosiossa. Terttu oli myös sisareni leikkikumppani, sillä Tertulla oli leikkimökki. Sellaista en muista monen pihapiirissä olleen 50 vuotta sitten. Kivelän navetta sijaitsi Soukalle menevän tien vieressä ja tuohon aikaan lähes jokaisella oli oma lehmä. Kivelässä oli myös hevonen.

Takaloperä

Kankaan talon takana mäellä oli Päretakalo, jossa asui kaksi eri perhettä, molemmat omassa talon päädyssä. Nimensä talo oli saanut pärepinnoituksestaan. Paremmin tutustuin vasempaan talonpäätyyn. **Mikko** ja **Matti** ovat pojista jääneet mieleen.

Pojat olivat itseäni vanhempia, mutta samaa ikäluokkaa ja tunnetusti vanhemmilla pojilla on jonkinlaista valtaa pienempien suuntaan. Heitä katsottiin aina hieman ihaillen ja alistuttiin joskus kepposiinkin "tekomiehiksi", kuten Kivelän Vilhon lautatapulin merkkaamiseen "rumilla kuvilla" nokipalasilla piirtäen.

Kullakin taloryppäällä tai alueella oli omat parhaat kaverinsa, mutta kulmakunnan lasten yhteisiäkin kohtaamisia oli runsaasti. Leikit olivat piilosta, kymmentä tikkua, pallopelejä jotka sopivat pihapiiriin sekä ruudun hyppäämistä ja monenmoista muuta.

Kähmäksen suuntaan sijaitsi Takalojen talojen pihapiiri, jossa luokkakaverini **Seppo** ja serkkunsa **Asko** asuivat, Se oli joukkoleikkien pitopaikka.

Herastuomari, Ollila, Isotalus

Herastuomarin ja aiemmin kuvaamani pyhäkoulunpitopaikan Isotaluksen kanssa samassa neljän talon ryppäässä oli **Ollila**. Talo lienee aina ollut punainen ja sinne käytiin porstuan kautta. Hyvin hoidettu pihapiiri on jäänyt lähtemättömästi mieleeni. Samainen talo oli veljelleni mieluinen visiittipaikka, hänen kaverinsa **Anteron** vuoksi. Antero isännöinee taloa nykyään.

Ollilaan liittyy varhainen kokemus kuolemasta, kun vanha isäntä siirtyi ajasta ikuisuuteen. Riihi tai lato, mikä lienee ollut, oli vainajan säilytyspaikka ja eräänä päivänä vainaja sitten näytettiin katsottavaksi. Se oli ensimmäinen kerta, kun näin ruumiin. Seuraavan näkemiseen menikin parikymmentä vuotta.

Hautajaiset sävyttivät kylän elämää viisikymmenluvun lopulla. Naapuri torpan Mikko ja Selma sekä myös isoisäni Antti kuolivat tuolloin. Ollilan isännän ohella naapuritalossa asuva isäntä Mikko menehtyi. Hänen kuolemaansa liittyy muistikuva puolison kertomasta. Mikko oli yöllä noussut ylös ja paistanut läskisiivuja pannulla, kuten tuohon aikaan usein oli tapana. Ilmeisesti oli rasvassa kieritellyt leivänpalasia ja nauttinut ateriansa seurauksella että siitä tuli viimeinen ateria. Hän menehtyi sydänkohtaukseen.

Puuhaaran Antti ja Hilda

Isäni eno Antti asui Talusperän Tolpassa. Puuhaaraksi hän itseään kutsui. Antti oli velmu mieheksi. Ajeli hevosella talomme ohi ja naureskeli. Kertoili turnipsipellostaan. Joskus kävi toisten ladoillakin, kertoivat.

Hänen puolisonsa Hilda oli vaikuttava persoona. Lapsuuden kokemukseni hänestä ovat mielenkiintoa täynnä. Äitiini verraten hän oli puhelias ja kantaa ottava sekä myös utelias. Oikea työjuhta. Erään hauskan yksityiskohdan muistan kerran tuvassa istuessa.

Hilda katseli akkunasta talolle johtavalle tielle. Sille kääntyi tulemaan naisihminen ja Hilda päivittelemään jotta miksiköhän tuo taas tänne tuppaa. Se miten hän sätti sanoilla saapumassa olevaa tulijaa, hieman hämmensi alle 10-vuotiaan mieltä. Kun vierailija sitten astui tupaan, koin yllätyksen. Ystävällisyys ja vieraanvarainen vastaanotto oli ylitsevuotava.

Myöhemmin Hildalla todettiin rintasyöpä, joka sitten leikattiin. Siihen liittyy monia muistoja niistä ristiriitaisista tunteista, joita nainen voi asiaan liittyen kokea. Osa identiteettiä joutuu koetteelle leikkausten seurauksena.

Koulukavereista

Olin oppilaiden joukossa heti alusta alkaen pisimpien joukossa. Kun oppilaita sitten pulpetteihin jaettiin, lyhyet aseteltiin etummaisiin ja pitemmät takimmaisiin pulpetteihin, kaksi rinnakkain.

Toisena kouluvuotenakin pulpettikaverinani istui jälleen **Mäntylän Heta**. Heta oli tyttöjen tavoin hyvä oppilas jo alaluokalla.

Itselleni koulunkäynti oli aluksi vaikeaa. Tahtotilani selvitä oli kuitenkin hyvä ja se näkyi myöhempien vuosien todistusten arvosanoissa.

Heta järjesti yllätyksen laskukokeen aikana. En oikein ollut jyvällä laskemisesta ja kurkistin vierellä olevan Hetan vastaamista. En ehtinyt havaita mitään, kun naapurista lävähti äänetön sivallus korvalleni.

Varhain tuo naisen luonto piti kokea. Se oli elämäni ensimmäinen korvapuusti (kynsillä).

Toisella luokalla koulun piirustustunnilla **Koutosen Tuula** piirsi piirroksen, joka sai minut ymmälleni. Tuulan piirroksessa oli kuvattuna talo etualan maisemaa alempana eli jonkinnäköisen

kumpareen takana. Yritin piirtää havaintoani kiivaasti kymme-
net kerrat, onnistumatta. Tuo yksityiskohta jäi mieleeni ja myö-
hemmin sen sitten opin.

Muutettuani Etelä-Suomeen piirustustaitoni kehittyi ja eräässä
koulussa opettajalla oli tapana laittaa tehdyt työt paremmuus-
järjestykseen. Piirrokseni löytyi liki aina ensimmäisenä arvoste-
lujonossa. Päädyin lopulta alle parikymppisenä Hyvinkään tai-
dekouluun jossa sain kuvataiteessa perustaitoja, joista on ollut
lukemattomat kerrat iloa harrastajataiteen tekemisessä. Tuulan
esimerkki on kantanut aivan viime vuosiin saakka.

Koulussa paremmuudesta aina kisaillaan. Alaluokilla **Takalon Seppo**
oli hyvä kilpakumppanini, mutta neljännen luokan päättyessä **Kivi-
maan Sirkka-Liisa** kiri ykköseksi. Luokalla oli myös vahvatahtoisia
nuoria miehiä, jotka eivät koulumenestyksestä kilpailleet ja osasivat
kiusata opettajaa.

Kossien harrastukset

Poikien harrastukset 1950-luvulla eivät juurikaan poikkea nykypäivän perusharrastuksista.

Sotaa leikittiin, jousipyssyjä rakennettiin katajarunkoon ja laudan pätkistä tehtiin revolvereita. Tex Willer- sarjakuvat innoittivat leikkimään inkkarileikkejä ja rakentamaan risumajoja metsiin. Kylän raitilla kuljettiin jalan ja polkupyörillä.

Kylän läpi virtaava Talusoja oli myös uimapaikka ja uuden uoman rakentaminen tarjosi muutaman metrin matkalla savisen rapakon, jossa käytiin kesällä polskimassa.

Perheessämme poikien tehtäviin kuuluivat puiden pilkkominen ja kantaminen sisälle, lehmien ruokintaan, olosuhteista johtuen, haalittiin lisämateriaalia riipimällä pajujen oksia.

Kesän lopulla käytiin naurisvarkaissakin, isän enon pelto oli sopivasti syrjässä maantiestä ja sinne pääsi salaa vohkimaan sen ajan herkkua.

Isojen poikien jutut metsänuotion äärellä istumisesta ja elämän nautintojen opettelusta olivat pikku pojalle mielenkiintoista kuultavaa.

Perheen lasten leikit

Leikkikalujen puuttuessa huonekalut saivat toimia leikkien materiaalina. Vanhempien lasten nukkumapaikka, keskihuone, oli myös mielikuvitusleikkien paikka. Vanhempien poissa ollessa sinne hilattiin kamarista selkänojalliset tuolit ja aseteltiin peräkkäin linja-autoksi tai hienoksi autoksi.

Tähän leikkiin sisältyi roolit, joissa minä yleensä olin perheen aikuinen poika, veljeni leikki mummoa ja sisareni äitiä. Olin lähtenyt maailmalle ja palasin hienolla autolla kylälle. Pyysin sitten mummon ja äidin kyytiin ja ajelimme hienolla autolla kylille.

(Hauska yhteensattuma on se, että 1990-luvun lopulla kävin Taluskylällä valkoisella Mersulla, jonka hankin 1996. Se käynti palautti mieleeni lapsuuden leikit.)

Pihapiirissä keväisin ja kesällä oli tinttaruutu. Varhaisimmat yleensä savisella pihalla ja pehmeän mössähtelevien kuoppien kanssa. Ruukun palanen tai kivi oli työvälineenä.

Pääsiäinen

Keski-Pohjanmaalla pääsiäiseen liittyvät trullit ja pääsiäiskok-
kojen poltto. Tuohon aikaan kylän lapsilla ja nuorilla oli tapana
valvoa yö saunassa. Niinpä mekin kerran Altin ja veljeni kanssa
sitten mentiin meidän savusaunaan valvomaan.

Äiti laittoi evästä, oli simaa ja piparkakkuja ja leipää. Sauna oli
aiemmin illalla lämmitetty ja sen jälkeen lattialle oli tuotu ha-
vuja ja peitteitä nukkumista varten. Lapsille tilanne oli jänni-
tystä täynnä. Savusaunan musta pimeys ja tuoksu.

Ohikulkijoiden kävely saunan seinän takana sai meidät valvojat
pian pelokkaiksi, kuuluihan osalla pääsiäistä juhliville juopumi-
nen ohjelmaan. Sen kautta myös äänenkäyttö lisääntyi.

Harmiksemme emme vielä yltäneet kylän isojen poikien tasolle
rohkeudessa, vaan kesken valvonnan palasimme nukkumaan
torppaan sisälle ja omaan vuoteeseen.

Pässi ja kiusanteko

Kotini pihapiirissä kesällä oli tilaa possun ohella myös pässille. Siitä oli sekä hyötyä että haittansa, varsinkin tytöille. Meidän pojankoltiaisten tapana oli opettaa pässi puskemaan. Toki se on luontainen taipumus uroslampaalle, mutta pienellä yllytyksellä sen tarvetta pökkäämiseen saattoi lisätä.

Passin paikka on lieassa rautakankeen kiinnitettynä. Paikkaa siirrettiin tarpeen mukaan ruoan perässä piha-alueella paikasta toiseen. Kerran sen paikka oli liki makkia. Sen ohi pääsi kyllä tarpeilleen, mutta pienellä siirrolla alle kymmenvuotiaat pojat arvelivat sen yltävän makin ovelle ja estävän sieltä pääsyn tehokkaasti. Tuumasta toimeen.

Sisareni lienee ollut tuolloin kouluiän kynnyksellä ja pahaa aavistamatta meni ulkovessaan. Me pojat kävimme siirtämään sarvipäätä. Arvata saattaa mikä poru siitä kehkeytyi. Ja liekö ollut herkullisempi tilanne kun makin lasittoman akkuna-aukon allakin kasvoi nokkospuska. Ei ollut helppoa päästä makista takaisin .

Paimenessa

Maattoman mökkiläislapsen elämä oli askeettista. Kaikesta oli ajoittain pulaa. Polttopuut olivat yksi sellainen asia. Kun ei ollut varaa ostaa puita laskettiin sen varaan, että talollisten metsätöiden jälkeen puiden kuorinnasta syntyneitä parkkeja riitti kesäajaksi hellan lämmitykseen. Niitä sitten hilattiin sylitolkulla tupaan, jotta saatiin äidille ruoantekoa varten pesäntäytettä. Eräätkin ruokahetket ovat syntyneet puiden kuoria hyödyntäen.

Yksi tehtävistä oli, kun omaa maata ei ollut, kuljettaa kaksi lehmän kantturaa, lainamaalle syömään. Tuohon aikaan tapana oli kuljettaa karja talosta kuin talosta päiväksi niityille tai kedoille ja illalla takaisin navetalle iltalypsyä varten. Ohitsemme kulki päivittäin lehmälaumat ja pikkuveljelleni siitä koitui kerran harmiakin hänen huudellessaan Sanni -nimiselle tytölle sannisonni sannisonni-hokemaa. Tytön pahoitettua mielensä, kantautui haukut äidin korviin ja siitä sitten asianmukaiset tukkapöllyt.

Muistan kerran olleeni paimenessa veljeni kanssa ja kun kelloa ei ollut, ajan arviointi oli vaikeaa. Kuuden tunnin rupeama lehmiä vahdaten ei onnistunut vaan palasimme jo kohta puolenpäivän jälkeen takaisin.

Toisen kerran lehmien paimennus epäonnistui Vaikonpään tilan (Toivola) uuden asukkaan rakennuksella tehtävän muurauksen kiinnostaessa paimentamista enemmän. Lehmät karkasivat Hautalan pihapiirin kukkapenkkiin surkein seurauksin. Piiskaa siitä palkkioksi tuli, sillä siihen aikaan ruumiillinen kuritus kuului osana kasvatukseen.

Jopa kansakoulussa opettaja saattoi näpäyttää karttakepillä sormille, jos jokin asia ei ottanut onnistuakseen.

Kurri

Ruukaattako te kahtua

että päälärissä on maitua

Raataavat kylällä,

jotta ryystättä kurria.

Kasvimaa ja kotikutomo

Äitini tapana on ollut kautta aikain pienen kasvimaan pito. Kaupungissa moiseen ei ole ollut myöhempinä vuosina mahdollisuutta.

Taluskylällä kasvimaa oli kotiovelta katsoen vasemmalla lauta-aitan edessä. Se ei ollut suurensuuri, mutta joka kesä siinä kasvoi muutama rivi salaattia, porkkanaa ja punajuurta. Lisäksi oli tilaa kehäkukille ja muille siemenestä kasvatettaville kukkasille.

Eräänä talvena meille ilmestyivät lainaan kangaspuut ja niihin loimet. Sain ilokseni kutoa oman metrisen raitamatonpätkän. Ennen kuin siihen asti selvittiin, tuli leikata vanhoja vaatteita suikaleiksi ja keriä ne keriksi odottamaan kutomista. Kangaspuut lainattiin ja ne sijoitettiin tupaan heti sisääntulon vasemmalle puolelle vastapäätä pirtin uunia.

Koutosen lähdekaivo

Kylän keskustassa, ennen koulua kääntyvän tien varressa, sijaitsi lähdepohjainen kaivo. Se oli hätävara silloin kun oman kaivon vesi loppui. Ruokavesi haettiin ämpärein tai kannellisin kannuin sieltä. Muistan muutamia kertoja, jolloin se oli ainoa vesilähde likimain kaikille kyläläisille.

Talolliset tulivat hevosilla ja muut kuka milläkin veden hakuun. Meillä ei ollut hevosta, joten hakuväline oli polkupyörä tai - kelkka. Edes vesikelkkaa ei mökkimme kalustoon kuulunut.

Posti

Posti, se vähäinen, tuotiin siihen aikaan kyläkauppaan. Osuuskaupassa sitä sitten odoteltiin. Setäni Risto oli aiemmin toiminut postinkantajana kylällä (hän menehtyi tapaturmaisesti pudottuaan ruotsalaisesta junasta). Mielikuvaa sen aikaisesta postimiehestä itselleni ei jäänyt, vaikka muistan vieskan suuntaan menevän tien varrella olleen posti-niminen paikka.

Kyläkaupassa oli myös puhelin, josta saattoi soittaa lääkärille tai vaikkapa vuokra-auton. Tosin viime mainitun käyttö oli kovin harvinaista varattomampien parissa

Seppä

Kylässä oli seppä, jolta sai apua milloin missäkin asiassa. Omakohtaiseksi kokemuksesi muodostui vanhan polkupyörärämän rungon hitsaus. Seitsemän kahdeksan vuoden iässä opin ajamaan. Sitä edelsi sitkeä harjoittelu ja tasapainon etsintä pyörävanhuksella, jossa ei ollut kumeja. Pelkin vantein pientä töppyrää tieltä pihaan. Niin sitten erään kerran opin.

Myöhemmin äidin pyörällä sain käydä kaupassa. Äidin pyörässä oli takarenkaan molemmin puolin suojaverkot. "Aja varovasti" - kehotukset saattoivat matkaan ja liekö ollut riemua vai jännitystä, kun matkaani tein, ilman paitaa, pelkissä pikkupöksyissä, sillä ajomatkani päättyi surullisesti.

Kaaduin Kivimaan kaupan lähellä rähmälleni tiehen ja nirhauduin verinaarmuille ja haavoille. Pyörä säilyi ehjänä, mutta kauppaostokset jäivät tekemättä.

Haavojen puhdistamisen jälkeen maistui uni.

Seurat

Seurat ja kinkerit olivat tapahtuma kylällä. Ainakin lapselle. Niitä pidettiin talojen ohella "maamiesseurantalolla". Siellä tulin istuneeksi eräätkin kerrat.

Lahkolaiset saarnamiehet paasasivat sanomaansa kirkkoherraa kiinnostavammin. Heistä liikkui myös erilaisia puheita, arvioita sanan sisällöstä ja tulkinnasta. Uskonnolla oli merkityksensä kylän elämässä muutenkin, kuten siihen aikaan kaikkialla.

Erilaiset uskonsuuntaukset tulivat esille varsinkin naisten pukeutumisessa. Huivit olivat siihen aikaan se yleisin päähine.

50-luvulla pidettiin kinkereitä, joilla kuultiin raamatun tekstiä ja kuulusteltiin Katekismusta. Tapana oli, muistikuvani mukaan, että lapset tuolipaikkojen puuttuessa istuivat lattialla ja jopa pöydän alla, josta kerran itseni tavoitin. Kinkerit olivat talosta taloon kiertävä tapahtuma ja vanhemmat lapset pelottelivat nuorempia papin kuulustelulla.

Ruotsin tuliaiset, muoti

Tulimme kylään Heinäveden kautta, asuttuamme sitä ennen vuoden ajan Ruotsissa. Isäni liikkui paikasta toiseen kuin mustalainen, työn perässä. Ruotsissa asuminen jätti merkin perheeseemme. Harvassa torpassa oli sellaista pöytää ja tuoleja kuin kodissamme, massiivista tummaksi lakattua tammea.

Äidin polkupyöräkin oli fiini, siinä oli suojaverkko takarenkaan kohdalla.

Äidin hattu oli muodikas. Se oli bees-värinen ja sitä koristi kullanvärinen neula. 50-luvun tyyliin hattu oli muodoltaan pyöreähkö ja siinä oli sievä hattumateriaalista valmistettu rusetti. Se neula oli kuin valtikka, kruununomaisine osineen, puolivinossa asennossa varsiosastaan hatun lävistäen ja kiinnikkeellä toisesta päätä ulos tullen.

Naisten pukeutumisessa oli muutenkin ylikorostettu naisellisuus, vyötärö, kellohelmaiset hameet ja korkokengät. Vain harva tosin uskaltautui sellaisiin vanhoillisessa lestadiolaisessa ympäristössä. Kaverini Altin sisko Maire oli kerran tärkkäämässä alushametta meillä. Hänen äitinsä oli kuollut, joten äitini lienee siinä asiassa antanut apuaan.

Husqvarna

Ompelukone oli Ruotsin vuosina hankittu ja olikin väline jolla ommeltiin lasten alus- ja päällysvaatteet. Pari kertaa vuodessa äiti muun urakan ohella valmisti flanelliset alusasut neljälle ja myöhemmin viidelle lapselle. Kesäksi valmistui kevyemmät ja talveksi paksummasta materiaalista valmistetut asut.

Tweed-housut ja takki ovat jääneet alakoulun ajalta erityisesti mieleen. Kankaassa, jonka yleissävy oli harmahtava, oli erivärisiä pieniä pilkkuja. Sain sitten ihan kaupasta ostetun lipallisen lakin sen asun täydennykseksi. Eräässä harvoista kuvista seison veljeni ja kaverini Altin kanssa Takalon Mikon ja Selman pirtin päädyssä tuo asu ylläni, auringon häikäistessä silmiä. Kuvan ottajasta en tiedä, mutta saattoi olla Hilkka tai Leena. Perheen poika Tuomas oli eri ikäluokkaa ja jäi vieraammaksi. Hänellä oli isojen poikien joukossa kaverinsa, joita olivat naapureissa mm. Hautalan ja Kankaan ja Päretakalon pojat.

Uudet alusasut kerran vuodessa olivat juhlaa. Vieläkin saatan tuntea äidin ompelemien asujen uuden tuoksun ja flanellin pehmeyden iholla.

Jäkälää ja käpyjä

Kotini pihapiiriin ilmestyivät 1950-60-lukujen vaihteessa jäkälänkeräyslaatikot. Perheen kaikki kouluikäiset lapset osallistuivat niiden täyttämiseen.

Aamuvarhain isä lähti liikkeelle ja mopon selässä toi säkin pihaan. Jäkälää kannettiin suurilla säkeillä pihapiiriin, jossa jäkälä puhdistettiin neulasista ja asetettiin tiiviisti matalaan puulaatikkoon. Jäkälä piti kosteana saada laatikoihin kuivamaan. Ja tärkeää oli että se oli tiiviisti ladottu. Jäkälä meni vientiin. Puhuttiin, että sitä kuljetetaan Saksaan saakka erilaisten kukkasidontojen tarpeisiin. Seppeleissä olen sitä myöhemmin tavannut.

Pian pihapiiriä maantiestä erotti satamääräinen laatikkojen muuri. Lisäansiot sitten koituivat köyhän mökkiläisen kohtaloksi. Verottaja kiinnitti huomiota lisäansioon, josta sitten langetti lisäveron. Sekös sai isäni tuohtumaan.

Männynkävyt olivat myös kysyttyä tavaraa jo 50-luvulla. Osuuskauppaan sai viedä käpyjä ja kouluikäiset niitä reppukaupalla kävivät puista riipimässä.

Taksi ja hieroja

Kylän taksi oli Lehtelässä. Lehtelä vei meidän perheen Ylivieskan asemalle, kun muutimme kylältä eteläosaan maata. Liekö ollut Popeda, jolla 50-luvun lopulla kyytiä tarvitsevat kuljetettiin, arvailen. Taksi kuului lapsen maailmasta katsoen kylän merkkihenkilöihin.

Tolosen Iitan ja kahden poikansa Urpon ja Taunon koti sijaitsi kirkolle menevän tien varrella. Iita oli kylän hieroja, kuulemma kovanäppinen nainen, jonka käsittelyssä sulivat raavaammankin puurtajan lihaskovettumat.

Iita oli myös lapsenpäästäjä, eräs siskoistani päätti syntyä Iitan avulla perjantaina 13. joulukuuta 1957.

Urpo ja Tauno olivat työmiehiä, joilla oli värikäs tausta. Myöhemmin 60-luvulla tiemme kohtasivat, kun he muuttivat samaan taloon erään Etelä-Suomessa olevan, historiallisen ja kovin dramaattisia vaiheita kokeneen Kytäjän kartanon maille. Sinne muutti Iitakin poikiensa perässä.

Muistikuvia

Kylän historia koostuu lapsen vinkkelistä katsellen pienistä murusista ja moni asia jää ulkopuolelle. Muistikuviin ovat jääneet:

Halvaus: Kun suuren perheen isä pienessä töllissä Koutoperällä sai sydänkohtauksen ja toispuolisen halvauksen, se lapsen näkövinkkelistä jäi pysyvästi muistihistoriaan.

Syöpä: Kun isän enon vaimo sai rintasyövän, tuli siitäkin lapsen muistimaailmaan virstanpylväs Oulun matkoineen ja itkuineen, joista sai viitteitä kyläillessä.

Paiseet: Herastuomarin lapsilla oli eräänä kesänä hankala ongelma. Istumalihaksiin tulleet paiseet, jotka olivat kivuliaita ja vaativat aikansa parantuakseen, estivät lasten yhteisiin leikkeihin osallistumisen.

Hautajaiset: Kylässä viiden vuoden aikana mieleen jäi useita hautajaisia. Nyt kun asuu kaupungissa, niistä ainoa merkki on etäällä kulkeva musta auto lippu puolitangossa tai kynttilämeret jouluisin kaupunkien hautausmailla. Kuolema ei kuulu 2000-luvun yhteisöjen elämään, se on eristetty, piilotettu näkyvistä. Lapsuudessa se kuului osana elämään, johon liittyi surunvalitteluun osallistuminen kirjoittamalla nimi kyläkaupassa olevaan adressiin.

Sama tapa liittyi onnitteluun jossa kohde ei ollut läheinen, mutta mahdollisti osallistumisen ja kuulumisen yhteisöön. Toisin kuin nyt, sitä pidettiin tärkeänä. Nyt kerätään maailman lapsille ja katastrofeille ja unohdetaan lähellä olevat.

Lasisilmä: Kun osuuskaupan myymälänhoitaja vaihtui, kokivat koulun oppilaat merkkitapahtuman. Kouluun tuli Matti, jolla oli lasisilmä. Poika oli kertoman mukaan ilmakiväristä saanut harhapanoksen silmäänsä, mistä varoittava tarina jousipyssyiässä oleville koltiaisille oli erinomainen esimerkki.

Aseleikit kiinnostavat lapsia. Ensimmäiset sarjakuvalehdetkin perustuivat lännen sankareiden aseiden käyttöön ja kuva amerikkalaisuudesta sen myötä. Propaganda puri. Intiaanit olivat pahoja ja valkoisilla oikeus ampua jousipyssykansaa.

Kehitysvammainen: Eräässä talossa asui vammainen lapsi. Muistan hyvin hämmästyksen, joka valtasi mieleni hänet nähdessäni. Usein mietin hänen kohtaloaan, erilaisuutta, joka sulki hänet kotiinsa, muiden ulottumattomiin. Vuosikymmenet myöhemmin kirjoittelin asiasta erään perhepiiriin liittyneen kanssa. Henkilö antoi vammaiselle inhimilliset piirteet.

Koukkuselkä: Miettiessäni kotikyläni kansalaisia, persoonat muistuvat mieleen. Hämmästyksistä suurin oli koukkuselkäinen mies, joka asui lähellä kylän kauppoja pienessä töllissä. Nimeään en muista, mutta ihmettelimme miten hän näkee kulkea, kun katse on omiin polviin. Niin vain kulki, kunnes nukahti maiselta matkaltaan mökissään.

Politiikka ja tupaillat: Isäni oli poliittisesti aktiivinen ja edusti kylällä vasemmistoon kuuluvia. Erään poliittisen kokouksen ja tupaillan aikana sain kokea miten perheen erilaisuus kostautuu. Kaverit tulivat meille lapsille ilkkumaan vanhempien ratkaisuista ja huutelivat pilkkalauseitaan.

Kakkuarpajaiset: Yhtä kaikki tupaillassa oli arpajaiset, joissa koreili pääpalkintona äidin voikreemipintainen täytekakku. Niitä kakkuja muistan äidin leiponeen useinkin.

Putkiradio: Radio oli tuohon maailman aikaan ainoa sähköinen viestiväline ja sitä kuunneltiin säännöllisesti. Lastenradiossa Markus-setä ja aikuisten puolella erilaiset kuunnelmat tavoittivat myös lasten korvat. Kankkulan kaivolla tuli käytyä useinkin ja seikkailtua Pekka Lipposen ja Kalle Kustaa Korkin mukana. Myös iskelmämusiikilla oli merkittävä rooli arkipäivässä. Annikki Tähti oli erään kerran vanhempieni arvioitavana, toteamuksella selvästi koulutettu ääni.

Runonlausuja

Koulun joulu- ja kevätjuhla on vuotuinen merkkitapaus. Toisille se merkitsee esiintymistä vuodesta toiseen. Opettajan merkille panema lahjakkuus, se valikoi kulloinkin valittuihin tehtäviin tekijänsä.

Ensimmäinen oma sooloni oli runo Leipuri pulla, jonka kailotin toisella koululuokallani pahvipipari kourassa. Runo päättyi lauseeseen, jonka loppuosassa on päätössana...ja kumarruskin sangen syvä! Niin komea se kumarrus oli, että kieli jäi hampaiden väliin ja eturivin luokkakaverit kuulivat kuinka viimeinen sana sai muodon SYVA.

Luonnollisesti se oli irvailun aihe (jota itsekin naureskelin) ja koetteli itsetuntoa.

Myöhempinä vuosina opettajan kaukonäköisyys on sattumankin valossa hämmentävä, pidän leipomisesta vaikka se ei olekaan ammattini.

Oma navetta

Maalaistorpan pihapiirimme sai navetan 50-luvun lopulla. Ennen sitä ainokaista kantturaa pidettiin Toivolan eli Vaikonpään navetassa, jonne syntyi myös Suomen karjaan kuuluvan Kuiskeen vasikka. Olin saanut nähdä miten se sai alkunsa, kun talutimme lehmän astutukseen koulun vieressä sijaitsevan punaisen talon sonnille. Touhussa oli kiinnostavat ja ihmettelyä aiheuttavat piirteensä.

Vasikan suussa käteni koki yhden elämän elämyksistä, karhean lämpimän kielen. Pelottavasta käden suuhun laittamisesta kehkeytyi ihastuttava kokemus.

Vaikonpää Jaakon ladossa muistan toivoneeni että eläisin satavuotiaaksi. Siellä heinäsuovan kupeessa lapsen ajatuksin mietin elämän mittaa ja tarkoitusta. Miettiminen perustui uskonnollisten pelotteluihin, mikä tuohon aikaan oli varsin keskeinen keino saada kansa ruotuun.

Kirkonkellot, urkuparvi

Sään ollessa suotuisa, saattoi kuulla kirkonkellojen kuminan. Ne kajahtelivat Merijärvellä, niin vanhemmat kertoivat.

Merijärvi, Someronkylä, olivat suunta, jonne lapsena ei usein päässyt. Muistan kuitenkin käyneeni ongella erään järven rannalla, jossa oli suuri kivi. 2000-luvun alussa ajoin autolla kyseisen paikan ohi ja elävästi mieleen palautui kalaton onkireissu.

Alavieskaan kotoani oli matkaa vajaa kymmenen kilometriä. Lienen ollut kymmenvuotias, kun sain mielijohteen potkutella kirkolle. Kipusin urkuparvelle ja istuin kiltisti koko palveluksen ajan katsellen alttariseinällä olevaa kuvaa ja seinän valkoista pintaa rikkovaa halkeamaa. Nautin kirkon selkeästä valkoisuudesta ja korkeasta tilasta. Kummastelin urkurin soiton ja kirkkokansan laulun eriaikaisuutta.

Tuohon aikaan kirkkoherrana oli lestadiolainen pappi, joka oli vahvasta mielipiteestään tunnettu mies. Kotonammekin hän kävi kerran. Kun syntyneelle tyttölapselle vanhemmat kaavailivat ruotsinkielistä nimeä, kirkkoherra käänsi nimen suomalaiseksi.

Morsiamet

Marttakerho järjesti Simolla (Hautala) kurssin, jossa valmisteltiin kesähäitä varten ruokalistaa. Keitoksia maisteltiin sitten ikimuistoisesti. Mitään niin hyvää en ikinä ollut saanut maistaa, luumukiisseliä ja kermavaahtoa.

Kesähäissä vihittiin kaksi talon tytärtä ja samainen herkku kuului hääpöytään.

Kun sitten hääpäivää seuraava viikko käynnistyi, saapui toinen nuorikoista käymään sulhonsa kanssa kotitalossa. Paluumatka kulki kotitorppani ohi. Näky sai minut pettymään.

Nuorikko oli muuttunut tavalliseksi navettavaatteissa kulkevaksi akaksi. Romantiikka oli kaukana mielikuvasta, joka sävytti edellistä viikonloppua. Nyt nainen istui traktorin takana työvaatteet päällä kuten maatöihin tai navettaan menossa oleva konsanaan.

Sitäkö arki on? Myöhemmin ymmärsin, ettei kaikki mikä kiiltää, ole tavoittelemisen arvoista.

Mekanot

Vaikka isäni serkkupojat olivat itseäni hieman vanhempia, oli heillä mittava leluvalikoima. Tuohon aikaan 50-luvun lopulla näin ensimmäisen kerran Mekanot. Itse koottavia metallipalasia, joista saattoi muotoilla erilaisia vempaimia. Hautalassa oli myös minihirsitalon osat, ja siitä sai aikaan viehättävän talon.

Taluskylälle muutettuamme kaipasin usein Ruotsista ostettua pientä peltiautoani, joka unohtui Vihtarin Sepänsalmeen kellarin oven karmin päälle.

Joulun aikaan vierailimme usein Hautalassa katsomassa poikien saamia hienoja lahjoja. Yksi sykähdyttävimmistä ja ikimuistoisia tuntemuksia aikaansaaneista lahjoista oli Hautalan perheen meille antama kirja Peter Pan. Muistan vieläkin miten piirroskirjassa Peter kävi vanhempiensa ikkunan takana katsomassa heitä, voimatta palata takaisin.

Tunne-elämyksillä on suuri merkitys lapsen kasvussa.

Juhannus

Juhannuksena syyvvään
taas herraa
ja juuvvaan kiljua
halakopinon takana

Ei siinä tooleja tarvita,
istutaan nurmella.

Pittää varua
ettei astu
lehemänpaskaan

Juopot ja juhannus

Kiljua juonut isäni makasi eräänä kesäisenä aamuna piha-aitan takana maantien varrella. Ei hän yksin siinä maannut, oli joku kylän miehistä sammuneena vierellä.

Lapselle humalainen on aina pelottava kokemus, niin isänikin, jonka humalaänet kuuluivat kantavasta äänestä johtuen matkojen päähän.

Sodan läpikäyneen miehen öykkäröintiin liittyi joskus käsittämättömiä piirteitä. Kauhukuvat koetusta lienevät sen ikäpolven rankin taakka, jotka sitten purkautuivat monin tavoin. Puolisot eivät yleensä säästyneet purkauksilta tai vaihtoehtoisesti "jörrikkämäiseltä" sulkeutuneisuudelta.

Lapsuuden juhannuksiin kuuluivat koivut ja pihlajat ovenpielessä ja juhannushera. Herkkuruoka keitettiin kokomaidosta hiljaisella tulella tuntien ajan juustoksi, jonka väri vivahti vaaleanpunaiselle ja oranssille. Hampaissa kitisevä juusto ja makeahko liemikeitos kuuluu edelleen pian kahdeksankymppisen äitini juhannuksiin.

Pyy

Kähmäksen tien varteen sijoittuva talo oli muistaakseni Pyy. Sen pihapiirissä tuli usein visiteerattua ja leikittyä ikäryhmään kuuluvan pojan kanssa. En tiedä mistä kaveri oli kutsuman nimensä saanut Ollin Pöyli (muistankohan oikein).

Korpi

Peltojen takana, ulkopuolella kylän, jos sitä tarkastelee kyläkeskuksen suunnalta, sijaitsi Korven perheen talo. Kuljimme sinne usein nauris- ja turnipsipeltojen halki, niiden joista makupaloja raaputettavaksi vohkimme. Osa viljelyksistä oli Tolpan Antin, joka kylällä liikkuvien juttujen mukaan ei aina tyytynyt oman sadon korjaamiseen.

Korvessa asui monipäinen perhe, jossa visiteerasimme perheenä ja yksittäin, olihan pihapiirissä runsaasti lapsia ja vanhemmat kuuluivat samaan sosiaaliluokkaan.

Maitohinkki vaarassa

Isotaluksessa ei ollut kantturoita, mutta kanoja kyllä. Talouskeittiöt kuuluivat oleellisena osana navettoihin ja niin oli laita Isotaluksessakin, jossa pyhäkoulua pidettiin.

Ellin ja Leevin poika Matti oli pari kolme vuotta nuorempi ja kuului leikkiporukkaamme aika ajoin. Kerran sitten leikkimme ulottuivat talouskeittiölle. Matti näytti erikoista vesihanaa, heille vesi tuli hanasta, toisin kuin kotonani, jossa sitä hilattiin kaivosta ämpärillä ja kuivaan aikaan kilometrin päästä kylän lähteeltä.

Jäin hetkeksi yksin ja väänsin hanasta. Vesi alkoi virrata. Ja veden varassa kelluva maitokannu alkoi vaappua. Yritys sulkea hanaa ei onnistunut ja pakokauhu valtasi luvattomasta puuhasta. Karkasin.

Iltapäivällä mennessäni kauppaan sainkin sitten Elliltä huutia. Koko kaupassa olevan väen kuullen minut läksytettiin pahanpäiväisesti. Ihan syystä. Vahinkoa maidolle ei ollut kuitenkaan päässyt syntymään, mutta vettä meni hukkaan runsaasti.

Talkoot

Äitini, piskuisesta mitastaan huolimatta, on sitkeä "sissi". Hän piti taloutta yllä yksin, kuten niin usein mökkiläisten akat siihen aikaan, kantturoineen ja kaikkine töineen. Isä kiersi pitkin maata milloin missäkin metsätyömaillaan.

Pyykit pestiin käsin pyykkilautaa vasten hangaten ja valkopyykit padassa keittäen. Lehmät lypsettiin ja syötettiin aamuin illoin. Oli kesä tai talvi.

Puuhellat olivat pirttien vakiovaruste. Oli talvi ja muistikuvani mukaan puuvajassa klapit olivat vajuneet likelle nollarajaa. Neuvottomuudelle ei ollut sijaa, jos pirtin halusi pitää lapsikatraalle lämpimänä ja valmistaa aterian, leipoa leivät ja pullat. Ostoleipääkin tuohon aikaan sai, mutta se oli harvinaista vähätuloisten kodeissa. Niinpä äitini keksi järjestää puutalkoot talollisille ja pian pihaan kaartoivat hevoset kuormineen. Sitä en muista, saatiinko puut lahjoituksena, niin kuitenkin oletan.

Lanttukukkoa

Naapurissa asuva Altti oli jäänyt äidistään orvoksi. Isä oli kuorma-autollaan milloin missäkin ajossa ja kerranhän sitten pyysi minua yöksi heille. Siitä sovittiin äitini kanssa, joka savolais-karjalaiseen tapaan ajatteli heti ateriointia ja silpasi mukaamme vasta leipomaansa lanttukukkoa. Sitä sitten voisi lämmittää.

Muistan kamarissa olleen kamiinan, jonka yläosassa oli keittotaso. Pienet huoneet, kuten siihen aikaan oli. Lämmityksen kannalta järkevää. Tosin mökkien rakenteet olivat sitä mitä olivat.

Illan tunteina sitten lämmitimme lanttukukkoa. Kumpikaan ei siitä oikeen perustanut. Emme malttaneet lämmittää sitä tarpeeksi ja kylmälanttu sekä makua antava läski ei kylmänä ole parhainta syötävää. Siispä parin suupalan jälkeen eväs jäi syömättä.

Rullit

Kylää leimasi uskonnollisuus. 1950-luvulla lestadiolaisuus oli päällimmäisenä, mutta myös muita piirteitä ilmaantui. Pääsiäiseen liittyivät keski-pohjalaiseen tapaan trullit ja kokot. Kokkoa poltettiin pääsiäislauantaina ja uskomusten mukaan juuri tuo yö oli myös trullien liikkumisaikaa. Koulussa tehtiin noita-akkojen kuvia ja kyhättiin luudalla lentäviä nukkeja noidan asuihin kahvipannuineen.

Uskomukset mahdollistivat ilkivallan. Julmimmillaan se tarkoitti navetoissa lehmien nännien silpomista. Pääsiäislauantai oli myös humaltumisen aikaa. Kokoilla toikkaroivat sekä nuoret että vanhat. Usko taikuuksiin eli vahvasti lahkolaisuuden rinnalla.

Pääskyset

Herastuomarin pihassa oli hirsirakennuksia, joiden räystäitä kesäisin koristi lukematon määrä pääskysenpesiä. En missään ole tavannut sellaista määrää. Niitä katsellessa tulin muistaneeksi Vihtarin Sepänsalmessa pari kesää aikaisemmin kokemani, kun pesä putosi ikkunamme alla olevalle kellarinkatolle ja pienen pienet poikaset menehtyivät.

Kuvassa äitini ja isäni 1950-luvun kynnyksellä

Nahkarotsi ja pimu

Vuosi taisi olla 1958, kun kirkonkylän vaatekauppaan tuli myyntiin lasten nahkatakkeja. Rock alkoi soida radiossa ja uusi aika tärkättyine pönkkähameineen iski tyttöjen maailmaan. Olihan Helsingissä käynyt kaikkien tyttöjen päiväuni, Paul Anka. Samaisena vuonna Pirkko Mannola ihastutti missinä ja Apu-lehti julkaisi hänestä piirroskuvan, jossa ennakoitiin häntä 70-vuotiaana.

Jotenkin, puutteenkin keskellä, äitini sai markat venymään ja lapsille hankittiin uutta päälle pantavaa. Ostolippis, kotitekoisen pipon sijaan, oli suuri ilon aihe.

60-luvun taitteessa tuttavaperheen vanhin tytär (Else?) aiheutti keskustelua, kun hän värjäsi hiuksensa pikimustiksi ja tupeerasi ne missien tyyliin korkeaksi keoksi. Vanhoillisella kylällä se oli ennenkuulumatonta, jopa paheksuntaa aiheuttavaa.

Tuohon aikaan nimitys "pimu" liitettiin nuoriin muotitietoisiin naisiin ja joidenkin suussa se sisälsi myös paheksuttavia käsityksiä elämäntavoista.

Joulumuisto

Lapsuuden joulut Taluksessa ovat muistorikkaita. Eivät runsauden vaan yksittäisten asioiden vuoksi. Räsyraitamatot pirtin lattialla harmaaksi maalatun kovalevyn päällä olivat kauniit. Kellariluukku hellan edessä oli ovi jännittävään maailmaan pottukellarissa, joka oli pienen pieni. Uuninpankolla, muurin ja hirsiseinän välissä oli kapea laihan pojan mentävä väylä, ahdas sekin, mutta kokeilla täytyi.

Sitten tuli se joulu. Yllätyksellinen ja ainoa joulu, jonka isä merkitsi itselleen tekemällä kaikille kolmelle vanhimmalle lapselle lelut. Kaupan appelsiinilaatikoista kekseliäästi väsätyt autot ja sisarelle nuken kätkyt olivat rakenteiltaan hennot, mutta ainutlaatuiset myös väritykseltään. Puupinta oli saanut värinsä kangasväreistä; vihreää ja punaista.

Eivät ne kauan lasten käsissä kestäneet, mutta muiston ne jättivät.

Juhlapyhät ja perinteet

Pohjalaisen kylän elämässä jokaisella pyhäpäivällä, myös sunnuntailla, oli suuri merkitys. Kuusipäiväinen työviikko pyhitti lepopäivän. Maataloissa työtä piti toki tehdä joka päivä. Navettojen asukit eivät pyhiä tunne. Eivät tunne vieläkään.

Myöskin kekseliäisyys oli tarpeen, kun raha riitti siihen tarpeelliseen ruokaan. Niinpä meillä ei uudenvuodentinoja ostelu, vaan sulatettiin kynttilää ja hulautettiin veteen. Komiat varjokuvat niistä seinälle piirtyi ennustamaan alkaneen vuoden toivottua onnea.

Naapurin Altti oli usein meillä kylässä ja siinä sitten vertailtiin kuka oli komeimmat kuviot saanut nostettua.

Pääsiäisen ohella juhlittiin äitienpäivää koulun äitienpäiväjuhlassa ja sinne lapset askartelivat äideille annettavaksi erilaisia kukka-aiheita silkki- tai kreppipaperista.

Vappuna tehtiin vappuviuhkat.

Helluntaina usein kukki pihlaja ja kyllä sen oksa meillä maljakossa paikkansa löysi.

Juhannuksena tapana oli kaataa koivut ovenpieliä koristamaan.

Jaguar

Koulussa sisareni luokalla oli Matti-niminen poika. Niitä tuntui kylällä olleen tuohon aikaan useampiakin. Mikä Matista sitten tekee mieleen painuneen, oli polkupyörä, joka hänelle myytiin kun muutettiin kylältä Uudellemaalle. Pyörä myytiin huutokaupassa, jossa myytiin kaikki huonekalut ja tontilla oleva navetta lehmineen.

"Ketterästi polkee vaari, vaarilla on Jaguaari"

Kaipailin pitkään polkupyörääni, muutettuamme Kytäjälle. Tuosta ajasta lähtien olen ollut Jaguarin ihailija, olipa se sitten polkupyörä tai auto. Tapanani oli lausua vuosikausien ajan: "Ostan auton vasta kun minulla on varaa Jaguariin ja omaan kuljettajaan". Kuinka sitten kävi? Päädyin auto-ostossani Fiat Mirafioriin.

Jaguariin liittyy toki unelmat täyttänyt kokemuskin. Kun vanhin poikani avioitui, hän halusi hääautokseen Jaguarin. Niin sitten sain unelmalleni toteuttajan. Pääsin kyytiin ja kuskikin oli omasta takaa, perheen nuorin poika.

Kotiavain

1950-luvulla kotikylällä ovia ei varsinaisesti lukittu, vaikka toki ovissa oli paikka lukolle tai jo kielekkeellinen lukkokin. Kotini porstua oli kyhätty kolmen huoneen jonon keskimmäisen huoneen eteen. Väriltään se oli harmaa, maalaamatonta lautaa, kuten niin usein vähemmän varakkailla.

Kylille lähdettäessä, luuta pantiin ovelle merkiksi, ettei olla kotona. Jos oltiin pitempään poissa, ovi lukittiin. Vielä tuohon aikaan avaimilla oli kokoa, nyt Abloy-aikaan avaimet ovat sulavasti taskuun piilotettavia. Siksi kai tuohon aikaan niille etsittiin piilopaikka rakennuksen tuntumassa.

Kävin kotitontilla eräänä kesänä ja katselin autioita, rapistuneita huoneita ja lähtiessä otin avaimen mukaan. Nyt se on muistona lapsuuden kodista.

Kaivonpaikka

Eräänä kesänä isäni kulki varpu kourassaan pitkin poikin piha-
aluetta. Hän etsi kaivon paikkaa. Omaa kaivoa kun pihassa ei
ollut vaikka torppaa oli asuttu jo 20-luvulta saakka.

Paikka löytyi viimein saunan nurkalta. Nyt kun asiaa ajattelee,
hieman kummalliseen paikkaan se kaivettiin, siihen aikaan kun
pesuvedet imeytyivät suoraan lattian kautta maaperään.

Lehmämmekin olivat kaivon vieressä olevassa aitauksessa.

Kaivo kuitenkin tehtiin ja vettä saatiin sitten omasta pihasta.
Siihen aikaan ei liene ollut sementtirenkaita, vai olisiko isän
pihiyttä, kun kaivo vuorattiin luonnonkivillä.

Luuta lakaisee

50-luvulla kylän torppien pihapolut lakaistiin luudalla, joka oli varvuista kyhätty ja puuvarteen kiinnitetty. Kulkuväylät olivat kuin laskettelukourut, pehmeälinjainen ura sataneessa hangessa.

Alkeellisimmillaan polku poljettiin jaloin. Joskus se hiihdettiin ja latu-uraa käytettiin kulkuväylänä, kuten sitä, jota myöten hain vettä metsän takaisesta ojasta saavia suksella työntäen. Tuohon aikaan lapset osallistuivat arjen tekemisiin heti kun kynnelle kykenivät. Eikä sitä oltu torumassa eri tahojen toimesta kuten nykyään.

Työ opetti yhteiskuntaan ja ymmärtämään vastuun tekemisestä. Ei työtä tekemällä rikastu, mutta henkisesti sillä voittaa aina jopa enemmän kuin lottovoiton toteutumattoman ilon.

Kirnutaan

Oli taas se päivä viikosta, jolloin kirnuttiin voita. Separaattorin uumeniin oli kaadettu kermaisen maidon paras kermaisin osa. Separaattori toimi kampea kiertämällä, jolloin maito/kerma-aines joutui pyörivään liikkeeseen ja muuttui vähitellen voikokkareiksi, joita sitten työn lopuksi puukauhalla kauhottiin voi astiaan.

Vaan eipä vielä ollutkaan herkku valmis, se piti suolata, asettaa viileään voiastiaan "vetäytymään".

Kotona kirnuttu voi oli herkkua tuohon aikaan, 1950-luvun loppupuolella. Onhan se vieläkin sellaisille, jotka osaavat arvostaa aitoja makuja.

Kotonamme leivottiin itse myös pullapitkot, marjapiirakat, kakut ja muhkeat ruislimput, joista sitten hontelolla keittiöveitsellä, tai isä puukollaan, leikattiin siivuja. Päälle levitettiin voita.

Hapanleivänjuuri säilytettiin puutiinussa, jonka muistan olleen punakylkinen ja kaksikorvainen saavi pienoiskoossa.

Pässin villat

Kesäksi pihapiiriin ostettiin ja eräänä vuonna saatiin pässi. Se toimi ruohonleikkurina. Vaikka jätöksistä oli joskus kiusaa, pässi oli niin leikkikaveri kuin kiusankappalekin opittuaan puskemaan.

Pässin turkki kerittiin kesällä ja villa otettiin karstattavaksi. Naapurista lainatut karstat olivat mielenkiintoiset ja pitihän 8-vuotiaan tuokin homma kokeilla. Toinen vaihe oli rukilla langaksi tekeminen.

Olen siitä onnekas, että lapsena sai kokeilla erilaisten kotitöiden tekoa, kuten tämänkin villan käsittelyn käsityölangaksi. Lankojen värjääminen saunan padassa oli sekin elämys.

Mustikkapiirakkaa

Hän seisahtui työn touhustaan, äitini, ja ojensi kätensä kohti emaloitua mukia. Sen käteen saatuaan hän totesi, että voisinko hakea metsästä mukillisen mustikoita. "Leipoisin mustikkapiirakkaa", hän lisäsi.

Pienen tovin kuluttua tepastelin läheiseen metsään, joka oli tullut tutuksi oikotienä vedenhakumatkoilla, niin kesällä kuin talvella. Vain parin sadan metrin päässä kotoa olivat ensimmäiset mättäät mustikoita notkuvin varvuin.

Olisivatpa nämä litran kokoisia, muistan ajatelleeni, kun muki täyttyi vähitellen, aivan liian hitaasti. Takaisin ei vajaan astian kanssa kehdannut mennä. Entuudestaan tiesin, että mukaan laitettu astia riitti nipin napin makoisan piiraan tekoon. Äiti varmaan jo ensimmäisiä pullapitkojaan uuniin laitteli ja lopputaikinasta, kuten usein aikaisemminkin, oli tapana tehdä jotain herkullista. Ei siis ole aikaa viivyttelyyn.

Taas oli käynyt niin, että ne parhaat poimintapaikat mukamas löytyivät juuri lähtiessä takaisin. Kiitokset olivat lapsen palkka, ne tuntuivat hyviltä varsinkin kun tiesi, että pala vastaleivottua mustikkapiirakkaa odotti.

Päreet

Kylän miesten oli aika jälleen tehdä päreitä. Katot vaativat paikkaamista ja huonoiksi menneiden päreiden vaihtoa. Eräs kylän taloista oli päällystetty kokonaan päreillä ja saanut ilmeisesti nimensäkin sen mukaan.

Tällä kertaa päreiden teosta olisi mökkiläisellekin iloa.

Naapurilla, Kankaan Yrjöllä, oli pärekone. Talossa oli myös mylly, jossa syksyin ja talvin jyvät muuttuivat jauhoiksi. Mirja, jolla oli valtaisa pään ympäri ulottuva lettikranssi, toimi myllärinä ja talon monitoiminaisena. Hän lienee ollut isännän sisko, jonka käsissä raisuinkin hevonen talttui.

Pärekoneen ääni kuului parin sadan metrin päästä. Miehet pinosivat raikkaan kirkaspintaisia päreitä pieniin nippuihin sitä mukaa, kun kone jyrsi kappaleita sydänpuun ympäriltä. Lopulta jäljelle jäi kolmion mallinen puu. Tällä kertaa mökkiläisen aarre.

Kesällä hellassa oli poltettu risuja ja puiden kuorinnassa syntynyttä parkkia. Keko puhtoisia kolmion mallisia sydänpuita oli lahja ja helpotus arkeen.

Akadir

Ulkopuolinen maailma iski rajusti pienten koululaisten mielen maailmaan ollessani toisella luokalla. Afrikassa oli tapahtunut maanjäristys. Opettaja kertoi siitä ja hädästä, joka siitä seurasi. Tokaluokkalaisille se oli syvälle painuva kokemus. Lasten kuolema kosketti.

Omalla kohdallani erilaisten yhteiskunnallisten asioiden kuuleminen koulussa alkoi tuosta opettajan kertomasta. Tuolloin kuulin ensimmäisen kerran avustamisesta ja Punaisesta rististä.

Opettajan rooli tiedon lähteenä oli merkittävä. Opettajat tuohon aikaan toimivat myös käynnistävänä voimana kyläyhteisössä. He valistivat perushygienian hoidosta, toimivat liikenneopettajina ja olivat aktiivisia kerhotoiminnan ylläpitäjiä. Kylällämme toimi mandoliinikerho, joka myöhemmin nousi valtakunnalliseen näkyvyyteen. Itse muistan lausuneeni runoa Kokkolan alueradion toteuttamassa, koululla äänittämässä, äitienpäivä ohjelmassa. Televisio ei vielä ollut tullut koteihin.

Kultapossukerho

Koulussa opetettiin myös säästämistä. Vuonna 1958 aloitti valtakunnallisen pankin Kultapossukerho. Opettajamme osallistui kouluille suunnattuun kampanjaan ja opasti säästämisen aloittamiseen.

Erilaiset liimattavat merkit, keräilykortit jne. olivat tulleet myös lapsille suunnattuun markkinointiin, olipa kyse säästämisestä tai uskonnosta, sillä pyhäkoulussa kerättiin lampaita ja erilaisista raamatullisista tilanteista tehtyjä kuvauksia.

Koululainen-lehti julkisti jo tuolloin luokkia aktivoivia piirustuskilpailuja. Meillä toisella luokalla aiheena oli värittää lehden eläinaihe. Ei palkintoja, mutta se kilpailuvietin ylläpito edesauttoi suoritusten syntymistä.

Kekkosen kuva oli seinällä vartioimassa oppimista. Isänmaallisuus muutenkin heijastui oppitunneilla. Laulutunneilla käytiin läpi suomalaisuutta korostavia lauluja, myös maakunnat tuli lauletuksi. Suosikkini ensimmäisillä luokilla oli: "Orvokkini tummasilmä" ja Nokipoika.

Kunnan avustuksia

Lapsuuden ensimmäisiin kouluvuosiin ja mielikuviin liittyy koulun ja myös kunnan avustuspaketit vähävaraisille. Viisi lasta pienessä torpassa tarvitsi vaatetta kasvuiässä vuosittain. Niinpä kumisaappaat olivat jokatalvisella muistilistalla ykkösenä ja niiden rinnalla flanellikangas alusasuja varten.

Juhla oli suuri, kun koulun kautta saatu vaateavustus saapui ja pääsi nuuhkimaan uusien saappaiden tuoksua. Mahtavaa oli myös pukea ylleen äidin omalla Husqvarnalla ompelemat flanellihousut jalkaan ja tuntea niiden lämmin kosketus iholla.

Eräänä vuonna saimme ruokapaketin kunnalta. Ajat olivat ankeat, eikä ollut tavatonta, ettei ruokaa ollut lainkaan. Työt olivat torppalaisilla vähissä ja kylällämme järjestettiin hätäaputyömaa, jolla levennettiin kylän läpi kulkevaa joenuomaa. Osin sen reittiä muutettiinkin.

Kaupalta haetussa pahvilaatikossa oli leipomon suuri ruislimppu, joka ei muistuttanut lainkaan äidin leipomaa edes ulkonäöltään. Muistan aina sen ylihappaman maun. Äidin limppu pääsi uuteen arvoonsa.

Hätäaputöitä Taluksessa

Hätäaputyömaa Taluskylällä ajoittuu vuosiin 1950-luvun lopulla. Kylän halki kulkevaa joentapaista alettiin syventää ja sen reittiä osittain linjata talojen ohi peltoaukeille.

Hautalan, joka oli isoäitini kotitila, kohdalla linjaus kulki kokonaan tilan reunassa ja piha-alueen sivuhaara jäi entiseen malliinsa. Joen oikaisu merkitsi myös peruskallion räjäytyksiä ja kivimassan siirtoja. Se antoi työtä niin lapiomiehille kuin kylän kahdelle kuorma-autoilijalle.

Räjäytyksissä käytettiin sytytyslankoja, joita sitten kävimme keräämässä hyötykäyttöön. Pian torpassa ja taloissa askarreltiin pannunalusia sytytyslanganpätkistä.

Vaari

Isoisäni Antti kuoli ollessani alaluokilla. Hän menehtyi alle 60 - vuotiaana maalikuun lopulla ja hautajaisia vietettiin Alavieskan Koissuolla koleana huhtikuisena päivänä.

Hautajaiset kokosivat yhteen sukua eri puolilta Suomen. Näin tuolloin sen ainoan kerran myös Paula-serkkuni, jonka kanssa lauloimme muistotilaisuudessa "Ystävä sä lapsien"-virttä. Kalajoen serkut Leo, Lasse ja Veijo olivat paikalla vanhempiensa Ellin ja Veikon kanssa. Alli ja Kaarina -tädit olivat tulleet Etelä-Suomesta saakka. Kuten myös Tarmo-setä, joka oli Jokelan

tikkutehtaalla töissä. Pauli-setä sen sijaan tuli muistaakseni
Nakkilasta. Niilo-sedän mukana olosta en ole varma.

Äidillä oli päässään Ruotsista ostettu bees-värinen huopahat-
tu, jossa oli kaunis koristeneula.

Isoisän hautapaikka oli suurten kuusten katveessa Saimi-
isoäidin rinnalla. Samaan hautaan laitettiin myös pieni laatik-
ko, jossa ilmeisesti keskosena syntynyt nimetön lapsi sai vii-
meisen sijansa. Katselimme kylmästä hytisten ja ihmeissämme
pientä pahviaskia ja seurasimme siunausta, jonka suoritti kirk-
koherra Kinnunen.

Kylän tähdet

Kun Saksola tuli koulun johtajaksi, toiminta koulussa aktivoitui. Näytelmäkerhon tähdeksi nousi voimistelussa niin taitava Kankaan Hannu. Lahjakkuuksia toki oli muitakin ja innostus tekemiseen vahvistui. Opettajia oli neljä - viisi. Saksoloiden lisäksi Rauni Issakainen, Kirsti Koutonen ja Anni Hietala, joista Rauni ja Anni olivat minun opettajiani.

Äitienpäivänä 1959 luokkamme esiintyi Kokkolan alueradion lähetyksessä. Oli se jännittävä kokemus, kun luokkaan tuotiin mikrofonit ja radiosedät. Seisoimme pitkillä koulun penkeillä kahdessa rivissä.

Anni Hietala oli tyttönimeltään Kalaoja ja hänen siskollaan oli Kalajoen Tyngän kylässä keramiikkapaja. Saimme aika ajoin viittauksia kyseiseen taiteilijaan. Annin mies oli ammatiltaan muurari, joka muurasi Toivolan tilalle uuden takan, Vaikonpään Jaakon kuoltua. Jaakko oli yli 80-vuotias kuollessaan ja äitini auttoi häntä viimeisten vuosien aikana, usein keittämällä hänen lempiruokaansa riisipuuroa ja sekahedelmäkeittoa/-kiisseliä. Vastaavaa herkkua saimme kotona nautiskella lähinnä jouluisin. Jaakon navetassa Suomen karjaan kuuluva Kuiske-lehmämme vietti talvensa, kunnes saimme oman navetan pihapiirissä koottua.

"Lapsille sipulipihvit"

Alle kymmenvuotiaana muistan kuinka isä joskus, hyvin harvoin tosin, osallistui ruoanlaittoon. Yleensä hänen tekeleensä olivat rasvaisia tai muuten ronskin metsämiehen kulutukseen tarkoitettuja.

Kaksi ruokalajia ovat erityisesti jääneet mieleen Taluskylän ajalta, toinen olivat lätyt pikkupannulla paistettuina ja toinen "sipulipihvit". Ensin mainittuja voisi kehua, sillä ne olivat liki kakkutaikinamaisesta taikinasta paistettuja ja makoisia, lasten suuhun erityisesti.

Sipulipihvit sen sijaan olikin jekkuruoka, jolla ei ole mitään tekemistä pihvin kanssa. Mainostettuaan pihvejään, hän sai lapset odottamaan jotakin mielenkiintoista, kuten sitten kävikin.

Hän leikkasi isoja sipuleita viipaleiksi ja nauraa hekottaen paistoi lapsille "sipulipihvit".

Odotus

Apea. Harmaa. Hämyinen.

Pienen pohjalaiskylän maisemassa
talojen ja torppien savut
makaavat matalalla
vähälumisten peltojen yllä

On joulukuu
Valonjuhla antaa odotuttaa itseään
Karjatuvan altaassa kelluu
harmaa alumiininen maitotonkka
kansi raollaan
Torpan
sammaloituneen pärekaton alla
kolme peräkkäin rakennettua huonetta,
harmaaksi maalatuilla kovalevylattioillaan
raidalliset räsymatot,
pöydän ääressä ajan harmaannuttama penkki,
muurin kupeessa, tulisijan pankolla
kasa pilkottuja polttopuita

Rauha. Hiljaisuus. Hellan lämpö.
Pöydällä kultainen enkelikello.

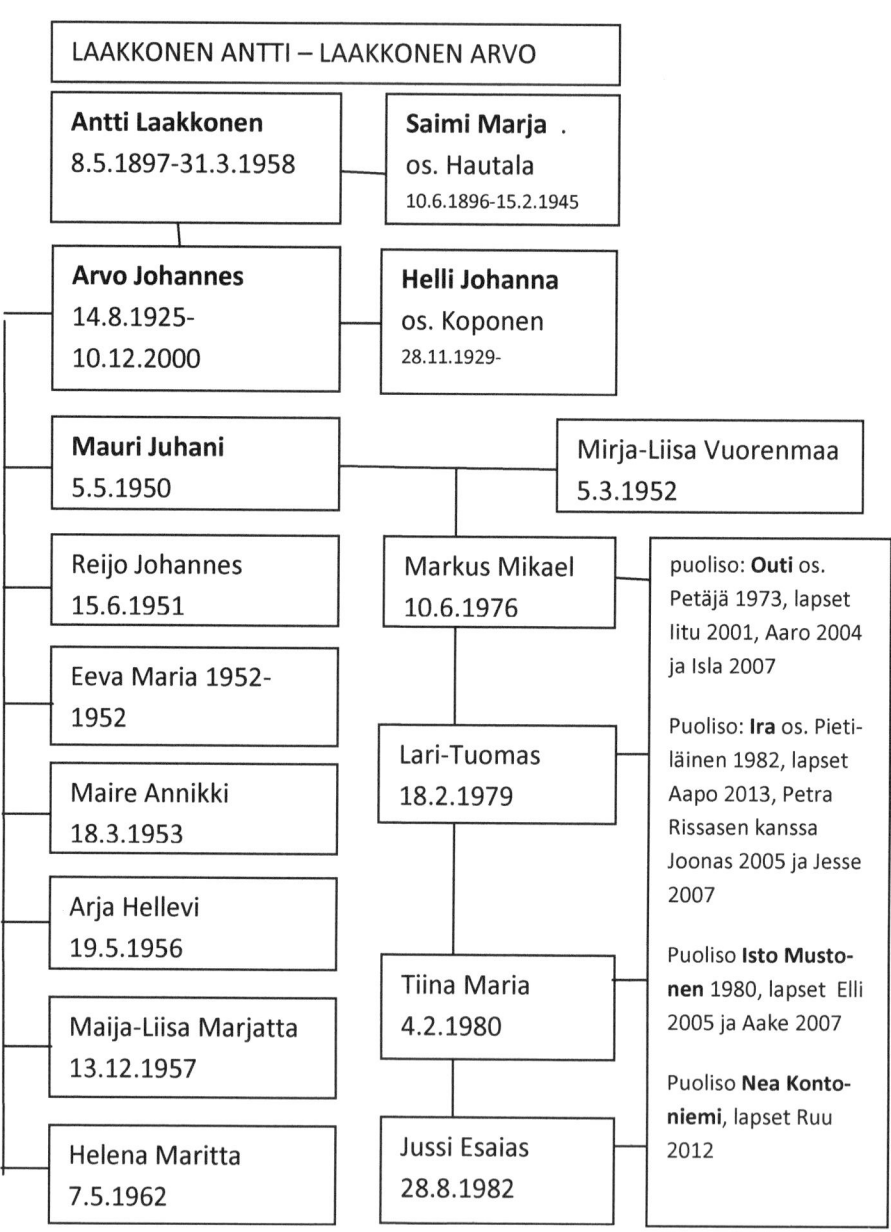

LAAKKONEN ANTTI – LAAKKONEN ARVO

| **Antti Laakkonen**
8.5.1897-31.3.1958 | **Saimi Marja** .
os. Hautala
10.6.1896-15.2.1945 |

| **Arvo Johannes**
14.8.1925-
10.12.2000 | **Helli Johanna**
os. Koponen
28.11.1929- |

| **Mauri Juhani**
5.5.1950 | Mirja-Liisa Vuorenmaa
5.3.1952 |

| Reijo Johannes
15.6.1951 | Markus Mikael
10.6.1976 | puoliso: **Outi** os. Petäjä 1973, lapset Iitu 2001, Aaro 2004 ja Isla 2007 |

| Eeva Maria 1952-
1952 | | |

| Maire Annikki
18.3.1953 | Lari-Tuomas
18.2.1979 | Puoliso: **Ira** os. Pietiläinen 1982, lapset Aapo 2013, Petra Rissasen kanssa Joonas 2005 ja Jesse 2007 |

| Arja Hellevi
19.5.1956 | | |

| Maija-Liisa Marjatta
13.12.1957 | Tiina Maria
4.2.1980 | Puoliso **Isto Mustonen** 1980, lapset Elli 2005 ja Aake 2007 |

| Helena Maritta
7.5.1962 | Jussi Esaias
28.8.1982 | Puoliso **Nea Kontoniemi**, lapset Ruu 2012 |

Aloitin runojen kirjoittamisen syksyllä 2014 Riihimäen kansalaisopiston Tarina talteen –ryhmässä.

Ensimmäisen runoteoksen Elämän virrassa julkaisin kirjailijanimelläni Justin Larma, marras-joulukuun vaihteessa ja omistin sen äidilleni, hänen 85-vuotispäivänsä kunniaksi.

Seuraavilla sivuilla muutama runo tästä teoksesta.

Julkaistut teokset:

Elämän virrassa 2014

Elämän kaarella 2015

Elämän tyrskyissä 2015

Eriparisukat omakustanne 2015 (14-vuotiaan pojantyttären Iitu-Olivia Laakkosen kanssa)

Lemmestä syntynyt

Olen tyynen veden lapsi

piian ja rengin

lemmestä syntynyt

härkä

ilman punaista vaatetta

Tyynen pinnan alla

soljuu väkevä virta

elonpolulla karttunut

herkkä

ilman lukitsevaa aatetta.

Mummon haave

Liirii vene järvellä
vanhus keskituhdolla
airot
veneeseen nostettuna

Mummo kalojaan on onkimassa
muikkuverkkojaankin kokemassa
neljääkymmentä sirriä tavoittelemassa.

Kalakukosta äiti haaveilee.

Kuvittelee
kuinka kalat perkaisi
sieväksi keoksi latoisi
läskihunnulla peittäisi
ja
ruiskuoreen kätkisi
muhevaksi uunissa hauduttaisi

Halla hiipii

Korsi pellon laidalla
katsoo yksinäisyyteen
kuin Sinä
varhaisen aamun hetkenä
hieman ennen
kukonlaulua

Halla on hiipinyt pellon poikki
jättänyt korteen harmaan huntunsa
ja somistanut maiseman
pienin, harmain viiksikarvoin

Valkoiset hiukseni
viestivät elon aikajanasta
kenties tulossa olevasta huru-ukkoajasta
jolloin kiidän rollaattorillani
pitkin hämyistä kujaa
lujaa
paksusankaiset silmälasit huurussa

Varis istuu portaan kaiteella
nokkii löytämäänsä
sekin yksin, pakkasaamuna